東京天然色

tokyo

劉黎兒

兼具藝文、時尚、古典
且念念不忘的東京此時

序

日日是好日，天天小旅行，一步一會，宛如東京人，穿透東京的大街小巷吧！

我在東京住了卅幾年了，在東京的時間超過我人生的一半了，算是東京人吧！每天看慣的家裡的周邊，或是經常出沒的許多街頭，或是還不大熟悉的許多東京角落，都會讓我興奮，每天刺激我的好奇心，讓我每次只要是走出家門，都自覺是出門小旅行，因為一個大東京，有非常非常未來的部份，也有非常古典的部份，從摩天樓稍微彎進一個街角，就會面對江戶乃至明治、大正，許多在地方鄉鎮已經消失或失去熱氣的祭典，居然在東京還存在。

在二〇二〇年東京奧運之前，在東京大變化發生之前，我要趕緊把東京走透透，幾乎每天乃至每個週末都出去走，在東京各處散步，如果搭了電車，

東京盛夏的百日紅，也是紫薇樹

就像小學生去旅行般，充滿期待；即使多年來，因為工作性質，每天都出外，而且幾乎都去不同的地方，本身對東京搭車非常熟悉，幾乎知道到哪裡該在地鐵或JR電車的第幾節車廂下車，但是為了散步而搭車，跟純粹走路可到的景點，又很不同。

或許我是杞人憂天，或許奧運不會帶來那麼多改變，因為四百多年來，東京不變的地方還很多，或許這樣的說法，只是我想不斷在東京散步的藉口。

在東京散步，是無上的享受，除了四季色彩豐富的變化之外，主要是許多古老美好的事物依然殘存著，隨時迷路隨時會有豐收，有時是讓懷舊氣氛

中野區只有一棵銀杏樹的銀杏公園

的商店街所誘惑，有時有些彎拐的巷弄讓人迷路，就會想當明治大正期的文豪永井荷風（一八七九至一九五九），不論在戰爭倉皇之時都會保持散步的心。

因為散步，也是散心，日文稱為「散策」也是為了身心而出門蹓躂，不必那麼有計畫，任由自己的腳決定自己要到哪裡，是一種逍遙遊，是搖搖晃晃的漫步也可以。

我的東京散步是經常在繞路的，主要因為我是路痴，但是多繞幾次就多少搞清東西南北了，而且也會有許多意外的收穫，像是在兩國隨便走，會發現有芥川龍之介就讀過的小學在眼前，或是在奧淺草一帶亂晃，就撞到了池波正太郎出生地，或是永井荷風最愛的「亞利桑那廚房」等等；另一方面，走路幾乎是我現在唯一的運動，因此繞路都是增加我的運動數值，一天走二萬步也不稀奇。

當然散步會有許多獎勵自己的機會，像是看到平時沒看到的甜點，或是看到許多知名的餐廳、小店，算是因緣際會，就走進去享受一番；散步的不僅是腳，也還有頭、眼、耳、鼻以及嘴巴、舌頭吧！

日本散步專家的德國文學研究者池內紀常說：「散步是發現之母，是雜學

梅花盛開的初春

秋天東京的天然色就是紅黃兩色

知識之素。」我對日本的許多歷史、宗教、民俗乃至花鳥、山水等的認識，幾乎都是從散步開始的，因為散步而發現，而讓好奇更無止盡地爆炸，而開始去探索、閱讀。

我也喜歡演員高田純次演出的朝日電視的散步節目的宣傳文案——「一步一會，愉快的發現。」的確每一步都可能邂逅人生預想不到的東京風情，隨心隨步走，就會有驚奇夢幻出現。

東京是世界有數的大都會，自然充滿人工因素，如各種建設，但是這些也逐漸變成東京的一部份，像是將來不知道如何是好的，連拆也很難拆的塔層大廈等，也融入東京藍藍的天空，好像它們原來就佇立在那裡一樣，逐漸從無機而變成有機的，而東京不變的還有各處都有百年以上的老樹，像是東京從青山通到神宮外苑的一百四十六棵銀杏樹，十一月下旬到十二月上旬，會構成一個黃金的巨大的隧道，這些是一九〇六年種的，樹齡超過百歲有餘，長達三百公尺的高齡老樹的林蔭大道，在世界大都會也是絕無僅有的，構成宛如繪畫般的景色。

或是每年三月底東京的櫻花開始滿開，帶來的美得抓狂的春爛漫，多少外國人就是為了看櫻花而來東京，即使櫻花在世界各國都種很多，但是誰都覺得日本的櫻花還是不同的，尤其東京幾乎都是染井吉野櫻居多，滿開則宛如上帝一聲令下就全部盛開了，把東京染成粉色東京。

東京不僅有天然黃金色、橙色、紅色、粉色或藍色等，因為層次太多了，任何地方都有好幾層可以下挖，只要走進巷弄裡，發現那裡又是另一個色調的世界，或許表層大道是當下或未來的東京，但裡層、深處則是古老的東京，但都是活生生的東京。

許多朋友已經來日本多次，早就能像個東京人在東京散步了，每次可以有點不同的小主題，今天或許文學散步，或許是歷史散步、美學散步、Cafe散步、老鋪散步、河川散步、建築散步、設計散步、花木散步、酒場散步、錢湯散步、古董散步、商店街散步、寺社散步、祭典散步、懷舊橫丁散步、日劇外景地散步、個人美術館散步、招福貓散步等等，東京是有無限蘊含的風土，可以讓人訂出無數的主題，或許沒有主題，或許也沒有目的地，隨便搭上眼前的巴士，讓它帶你到不知名而電車不到的地方，下車後開始散步吧！

都會裡的櫻花

目錄

stage 1

鄰近的藝文日常

讓東京回到江戶，卻又跳向未來

東京都

從晴空樹看到的東京

文創，大多的都市都是用歷史文化來化妝，創造魅力，不過東京除了官民很有默契地發掘、強調東京裡隱藏的江戶風情外，也努力表現東京當代乃至未來的活力與展望，並調和傳統與現代因素，讓東京人乃至外國人傳著傳統和服、浴衣去搭地下鐵或走在摩天樓森林裡都不會有違和感，而且讓都會本身有豐富的重層感，隨便闖進哪裡，都像走入時光隧道般驚奇與讚嘆，而且這些文創還不只是從表面塗粉，也從根柢培養居民氣質涵養及連帶感，讓國際間也感受到東京是一個和風又和祥的都市，印象好極了。

雖然311之後以及東京想舉辦二〇二〇年東京奧運，日本政府花了很多經費來做東京的文創以及對國際發訊的動作，叫做「東京文化發訊計畫」，但除了官方作為之外，還是民間做得更好，像是JR東日本等大集團或許多NGO等不斷改造東京每個角落，拼命發掘各處特色，像是二〇一四年四月在阿佐谷創設了全球首次登場的內容系的動漫商店街，或是六月又冒出東京第二高的「虎之門 Hills」的超高層大廈群，成為東京國際戰略最前哨，強調自己的未來性，而宣傳口號是「Hello, Mirai（未來）Tokyo!」在此可以邂逅到未來東京；或將神田萬世橋周邊改造成能溫故知新的世界，讓東京探險多了許多深奧的層次。

東京是戰後就很有自覺地在搞文創的，初期只是為了在廢墟後站起來的復興工作的一環，很努力保留甚至重新創立許多祭典、活動，像模仿許多地方鄉鎮的祭典，如阿佐谷的「七夕祭」是源自仙台的七夕祭，或高圓寺的「阿波舞祭」則是來自德島等，除了增加每個地區的吸引力外，也紓解地方出身而來東京打拼的人的鄉愁，讓東京除了原本江戶時代留下的遺產外，平添了全國各地豐富的鄉土色彩；而像現在東京外國居民很多，在大久保有韓國城、池袋是中國城，或神樂坂是小京都外也是小法國等，除了有跟都會裡的外國人共生的決心外，也展現許多異國情調，讓東京魅力更多元，像有許多歐美人、華人甚至到大久保尋求韓流的慰藉。

東京的文創是很多元的，除了文字、音樂、歷史探訪等之外，是從五感來文創的，除了視覺外，也還有許多美食等的保存、開發，屬於味覺的，從高級懷石料理到庶民食，水準都很高，讓許多外國巨星到東京，不僅想吃三星級壽司，也想吃拉麵、咖哩飯等；像是聲音等，如江戶風鈴、大鼓等，甚至還有結合奇特傳統的遊樂設施，如鬼屋等；甚至還以燈光來呈現，不僅東京鐵塔、天空塔，還有許多街頭亂碼數字燈光作品等，處處都有洗練的感受，豐富而不紊亂，這也是許多人迷上東京的原因。

最令人喜愛的還是這麼摩登的都市成功地演出和風，從許多江戶情緒中感受成熟的、大人味的感性魅力，讓人隨時能周遊古老美好時代的光景，許多摩天樓的背後巷弄就是江戶時代，或是明治時代，抑或大正、昭和時代，有的辣妹在老街的下町把自己裝扮成像是江戶川亂步推理小說中的和風美女出現，在古老咖啡館裡戲貓，也很自然協調，才知道原來東京是如此適合Cosplay（裝扮）的城市，自由度非常高，跨越幾個世紀都行，而在東京最中心的皇居等處還有優雅的石橋、洋館等歐風建築，也有「伏見櫓」等純粹和式的屋敷、數百年原生林等，也是個背景優雅的大舞台。

許多老街如上野、下谷等地的保存與復古，或是重現浮世繪的世界，不管是把老工廠等建物改造為畫廊、Cafe等，讓老街吹進新生命；傳統藝能的演出，會讓人感覺到屬於過去的從容與餘裕，而有癒療效果，另一方面，像江戶是日本現在政治、經濟及社會的起源，回到江戶，對日本人而言有回歸原點作用，因此接觸到江戶人的活力與熱情，也因此有更多的想像力，成為東京不斷進化、美化的原動力；東京人做的最好的還是從根柢來薰陶，亦即開設許多歷史探訪或鑑賞傳統文化課程，讓東京人從內涵開始成為江戶人，美感、味覺也都如此，因此許多人開始穿用江戶藍染服裝，或到百年老鋪飲食等，把江戶融入自己的體內。

東京人覺得自己若不真的懂江戶等時代的老東京，無法真的改造東京，也無法跟外人說東京，文創是要從理解這城市的歷史開始，從每個人的內心改起，這部份跟許多跟商業或社區振興的文創不同，沒有眼前的利益，那就是公家的工作，也因為有內心層面的文創，文創改造都會才能永續不斷，而且成為這個都市的人以及訪客共同的記憶。

01 ___ 東京的摩天樓群中還不斷在蓋摩天樓

02 ___ 隅田川附近的東京灣岸區不斷蓋塔層大廈

新宿

以藝術來體驗宇宙的草間彌生

草間彌生的街頭壁報

草間彌生跟許多日本藝術家一樣，是先在國際獲得肯定後，才在日本得到絕大的矚目與認同，尤其是從本世紀起，國際級大師的草間才在日本開始大舉展開活動，如大型雕塑或空間展、巡迴展，也獲得日本官民各方爭相頒予的獎，不僅專家們對她用豐饒的作品群及用單純而創出複雜的草間世界驚歎不已，普通的日本人也愛極草間，除了到直島、大阪阿倍野去接近草間作品外，也對草間作品跟商業藝術的領域結合非常歡迎，因為可以讓草間世界更貼近自己的生活！

草間展現的無限的生命力，讓日本乃至世界隨時都要喊「哇！」，她早就是日本當代最具聲望、威力的藝術女王，而八十六歲的她依然還在創作，她的存在本身就是一種啟示與驚奇；她從小就創作不懈，不斷喊著：「時間！請等我！我還想做更多更好的事！」

草間的創作力旺盛外，領域非常廣泛，日本人對她的認識是彫刻家、畫家、行為藝術家、裝置藝術家、小説家等，而且草間整個人就是為了藝術創作而活，反過來，藝術創作讓她能活下去；她熱愛藝術創作，體內至今依然有激烈的創作精神存活著；長年以來，她一直被稱為是前衛藝術家，現在前衛這樣的字眼已經逐漸成為不大用的死語，但若只看草間，就會覺得前衛還是很適合她，她永遠走在最前端，在領時代的風騷；她自己也說：「在惡魔認輸之前，我的工作將會持續下去，因為惡魔是藝術之敵，也是讓我繼續戰鬥下去的戰友！」

草間的作品現在日本人都非常熟悉了，除了展示會外，在LV包包、T恤、和紙膠帶、新宿到草間故鄉（長野縣松本市）高速彩繪巴士等都能接觸到圓點或南瓜等；她的作品非常有特徵，很容易認得，不僅是繪畫的畫面或雕塑的表面，她總愛用足以淹沒觀看者視線的圓點或網眼來覆蓋各項物體乃至全裸的肉體，而且加上鏡子來讓光跟物體無線展延的空間裝置，讓人為之迷幻，從小點體會宇宙；或許跟草間娘家是種苗業者有關，她的作品常跟生殖、繁殖有關，除了洋蔥、南瓜等外，更有許多宛如性器的蕈菇聚生。

或許這些花紋、造型都是很原生的，因此有著躍動的生命力；世人把草間封為各種藝術家，如超現實主義、波普藝術、抽象主義等等，但草間則自認是「精神病藝術家」，她絲毫不掩飾自己因為長年精神失調而受的折磨，從少女時期就跟幻覺搏鬥，而以此為創作原點之一，甚至將自己強調的前衛的背景也解釋跟特異的精神上的病理有關；但她也用自己本身豐饒且風靡世界的作品來跟世人對於精神障礙者、東方人、女性的三大偏見戰鬥，她當然是勝利了，世人為她作品的魅力所感動，早已超越了這些無謂的偏見，她不世出的個性與輝煌還日益增加中。

草間從四十八歲至今都還因為恐慌性障礙，而一直在東京的精神科醫院療養，白天到隔街對面的工作室去作畫，但她的創作是無止息的，即使在非常狹窄的病房也依然在畫，她盡量避免跟不認識的人見面，因為需要輪椅，也不大出門去旅行了；她自己表示，畫畫是她最佳良藥，或許工作室旁蓋了兩年多的個人美術館開幕，是她最近忙碌的目標。

草間一九五七年從松本到美國，很早就已成名，有前衛女王之稱，在一九六二年跟安迪・沃荷、克勒斯・歐登柏格等大師舉行聯展，但同時也參加許多反戰活動，用行動藝術、環境藝術等來表現，也成為和平反戰女王，但現實生活相當困苦；草間在一九七三年回到日本，創作據點移轉到東京後，至今持續從事超乎想像的多樣式的藝術創作，表現方式從繪畫、軟性雕塑、珂拉琪（拼貼）、版畫、環境藝術、野外雕刻、影像、文學等等等。

草間彌生作品是現在世界收藏家都垂涎的對象，有些作品動輒上億日圓，尤其二〇〇四至二〇〇五年有些未發表的傑作，在二〇一〇年才公開，讓草間迷驚喜；她的作品永遠充沛飽滿且鮮烈無比的色彩，讓人感受到畫家的愛情以及生命的神秘，以及對和平的祈願，日本人愈來愈以她為傲，也才更驚覺原來草間是很日本的，日本人稱為「水玉」的圓點等都是日本人精神深處所有的，因為日本大概是世界上少有超愛圓點的民族。

日本人很愛草間，草間也回頭愛日本、根植日本，也接受日本各界對她的肯定與喜愛，但是草間與日本達成這樣的信賴關係，是經歷了相當的歲月才達成的；草間雖然一九七三年就已經回到日本，但是在二〇〇一年前，她幾乎所有的作品、展覽會都是在海外各國舉行，在日本反而非常慢，可以說是晚了幾十年，她自己曾經想過這樣的原因；她認為雖然日本有錢也有場地辦美展，但是日本人對於現代藝術關心在上個世紀還是很有限，她自己剛從美國回日本時，覺得日本在這方面晚了百年之久，而且直到九〇年代，她都認為日本不過把藝術當遊戲、奢侈品而已，她不相信日本；但是最近十幾年，草間對日本有了不同的看法，尤其從她也參展的二〇〇一年第一次橫濱三年展「Yokohama Triennale」之後，她在日本國內活動開始增加了。

年事漸高的她，還常不時有許多震撼性的創作問世，對於後代而言，她想成為什麼樣的藝術家呢？她說：「創作藝術而體驗了宏大的宇宙之後，就理解到自己是非常無知的存在；我到死為止都將持續創作藝術，希望留下死後數百年也都有效的訊息，為此卯上所有力量；期待未來大部分的人、世界各地的人都不再有戰爭以及恐怖活動的恐懼，而能有讓自己的愛與人生持續下去，我的藝術要傳達給世人的答案就在這裡！」

草間的作品所以常年不斷地吸引人，或許理由也在這裡，作品的背後有她一貫在呼籲的各種訊息如愛、恨、和平、生、死、宇宙等等，不斷與觀賞者的內心深處交會、對話，迴繞不止息！

二〇一七年十月各界盼望已久的「草間彌生美術館」終於開幕了，就在神樂坂弁天町開幕了，由多摩美術大學學長、埼玉縣立近代美術館長的建畠晢擔任館長。建物地上五樓、地下一樓所構成，一樓是入門以及美術館賣店，二樓、三樓是展示室，四樓是體驗靈感室，五樓有資料閱覽空間以及屋外展示空間；開幕時已經八十八歲的草間依然展示她的創作力，而且再度對世人表示「藝術是愛的戰鬥！」到二〇一八年二月下旬的開館紀念展是「創作是孤高的行為，愛才能接近藝術」，美術館以她最新系列「我永遠的魂魄」為主，另外還有最新的立體作品等，非常草間的高濃度世界在此展開，是神樂坂散步最美的另一章。

1

01 ___ 草間展現的無限的生命力
02 ___ 草間彌生美術館於二〇一七年開幕
03 ___ 草間彌生在銀座 GINZA SIX 裡的店鋪

代官山

蔦屋書店的季節來了

代官山蔦屋

蔦屋書店在日本是一九八三年開始在日本出現的，跟我來日本的年代差不多，最初在大阪，後來也進軍關東。我的生活裡也有蔦屋，但是是TSUTAYA，主要是去租錄影帶，而代官山蔦屋書店則是用漢字表記的「蔦屋」，是書店，才讓東京人重新體會到「蔦屋」是書店，而且是如此美好的書店。尤其「蔦屋」雖然是源自創業者增田宗昭的祖父經營的事業（藝妓的置屋）的屋號，但「蔦屋」的名稱在江戶時代是出版社，而且是發掘了謎樣浮世繪畫家寫樂的鼎鼎大名的出版社，我對寫樂情有獨鍾，因此也很開心代官山蔦屋書店又再度用了「蔦屋」，也讓形象更是大好。

據說代官山蔦屋書店是為了讓三十幾年的顧客能夠回到自己可以去的大人的書店，也就是一家書店，經過一個世代的三十年之後，也跟著顧客成長、成熟，而算起來，我也正好是這樣的顧客，總覺得代官山蔦屋就是為了我這樣的顧客而開的，這裡不是車站旁年輕人喧囂的書店，而是成熟的大人味道的書店，跟至今的 TSUTAYA 有相當的區隔。

代官山蔦屋的建築已經有許多人讚賞過，而且典故多多，我自己最喜歡的有兩點，第一是如傳說中的這是「森林中的圖書館」、「森林中的書店」，雖然同樣在世界的大都會，在書店裡不像是誠品等許多書店完全就是大廈裡的書店，而代官山蔦屋卻讓人進入店內，卻依然倘佯在森林裡，新綠的季節來了，對我而言，就是代官山蔦屋的季節來了。

其次我喜歡這個大資本蓋的書店，卻保留對於代官山這個地區的土地、居民以及歷史等的尊重，建物本身不誇張，跟周遭的環境比也不遜色，不枉費原本是水戶德川家屋邸的所在，也覺得書店與代官山的許多古蹟、神社或重要文化財的大正時期的舊朝倉家住宅等融合得非常好，維持了山手通的品味。

我常去的除了書店外，也喜歡去二樓的 Cafe 的

Anjin，店名是源自三浦按針，德川家康請的英國籍航海士，也就是水上案內人的意思，這裡裝潢、氣氛、餐飲都沒話說，尤其是有三萬冊現在四處都不容易入手的《太陽》、《平凡 PUNCH》、《POPEYE》、《BLUTUS》等從創刊號起的雜誌，真的讓算是昭和世代的我，覺得好像是回到了自己的青春時代。

Anjin 假定的客人是五、六十歲的成人，也就是讓從一九八三年起來店的當時的廿幾歲的人，現在可以來此處緬懷自己的孩提、青春吧，這是一個跨世代的文化舞台，讓人覺得其中有著超越時光的夢、理想在內。

代官山蔦屋書店裡的好處是不怕找不到書，我跟其他客人最大的感嘆是：「這是一家讓你無法不久留的書店！」

01 ___ 代官山蔦屋
02 ___ 蔦屋書店內景
03 ___ ANJIN 氣氛好，午餐價格合宜，前菜三種三百日圓，燉牛肉套餐（附飲料）一千五百日圓。長腳蟹（松葉蟹）蟹泥蛋包飯套餐也是一千五百日圓
04 ___ ANJIN 是歡迎創業期的顧客回來的成熟 Book Cafe，放有許多已經廢刊的雜誌

3

4

銀座

一場藝術的民主化革命

銀座蔦屋

銀座松坂屋舊跡重建，成了一個日本最絢麗尖端的一座新的商業設施「GINZA SIX」，於二〇一七年四月開幕，而在六樓蔦屋書店這次是以一個充滿動心藝術的書店來定位自己，打算從銀座店掀起一場藝術的民主化運動呢！

另外一個主題則是「日本文化」，不僅從江戶起的浮世繪等藝術，還有日本的禪、染織、茶道、香道、和食、佛像、刀劍等也都全都有非常齊全的書籍乃至實物展示，而且幾乎所有的展示品也都能購買，像是刀劍專櫃，就當場吸引須多歐美媒體人，知識豐富的店員說明刀劍的基本用途，以及在戲劇等用法，如果有興趣也可以當場訂製，有的日本刀，重達四十斤，魄力十足。

在日本文化區裡，還有酒、茶、佛像等，外國客人不僅可以買到日本文化相關的書籍，也可以把實物買回家，原來書店可以賣跟書相關的商品，或許看到實物後，反而更想讀書來理解吧！主題書群不錯之外，用一百冊文庫書來理解日本文化，也是很有創意的構想。

現在全球都喜歡日本浮世繪，除了近期非常紅的北齋有專櫃外，其他人氣很旺的河鍋曉齋等相關的書籍也很多，春畫集也堂堂擺飾，對於浮世繪的理解程度令人感動。

印製浮世繪的出版家蔦屋重三郎的「蔦屋」，也是蔦屋書店的店名由來；蔦屋重三郎尤其以出版歌麿及寫樂的浮世繪聞名，也算是他發掘並讓這些藝術家能為世人所知，算是開拓藝術的先知先覺者，而且透過版畫讓藝術為世人共享，書店裡這次就有蔦屋重三郎專櫃，也有由銀座的蔦屋書店特別完成的大型復刻版的歌麿的春畫。

銀座的蔦屋書店似乎也想扮演這樣的角色吧！讓藝術為世人共享；蔦屋書店每次開店都有點對生活提案的主題，這次是要讓讀者感受藝術，在生活中導入藝術，卅幾年前蔦屋集團創業時原本有出租錄影帶、CD等，想讓電影、藝術等普及的想法，這次則是維持愛好藝術的初衷，或許更為積極地提案。

這次開幕時有杉本博司、蜷川實花、名和晃平等三人展，就在書店採了自然光透入的中庭部份；關於藝術，銀座蔦屋書店也把動漫經典作品的相關藝術創作列入，讓人體悟到原來動漫的確就是和風作品無誤。藝術區裡有日本現代藝術專區，銀座的蔦屋書店選擇了一百位藝術家的作品集以及相關研究書

GINZA SIX 外觀

籍展售，這也是書店展現了為藝術家作歷史定位的功能，草間彌生、奈良美智等國際都愛的藝術家當然都入選。

書店裡有巨大書籍專區，讓人初次體會到書不僅可以袖珍化，但建築書、畫集則要夠大才更能表現；巨大書的書區裡還有現在世界各國美術館藝術作品型錄，不到該館也能買到。

銀座的蔦屋書店或許期待會有許多外國賓客，建築又比其他的蔦屋書店更和風，處處有美麗的盆栽；這裡也不例外地跟星巴克咖啡合作，而Cafe周邊有許多蘇富比藝品拍賣相關的書，也有許多屬於珍藏版的日本藝術雜誌，可以邊喝咖啡邊閱讀；更值得一提的是在星巴克咖啡後方，還有星巴克首次開的星巴克特設吧，是想像來銀座蔦屋書店都是跟蔦屋一起成長而成熟、芳醇的大人吧！

值得一提的是「GINZA SIX」因為不想破壞銀座古老美好的街景，因此沒有二十層的超高層大廈，而變成地下六樓、地上十三樓、高約五十六公尺，亦即以地下化來維持氣氛，不會有違和感，除了蔦屋書店是首選外，現在也有草間彌生的專店，從書店下來時也可以參訪一下。

1

2

3

4

5

01 ___ 銀座蔦屋內部
02 ___ 銀座托缽僧
03 ___ 青木壽司
04 ___ 銀座蔦屋書店賣書也賣酒
05 ___ 銀座蔦屋裡的星巴克

銀座

銀座藝術漫步

永遠探索不完的銀座

東京最近變化最多的不是塔層大廈不斷興建的灣岸地區，其實是銀座，許多日本人稍微有陣子不去銀座，就會發現銀座變了，銀座成了新舊設計名建築彩飾的世界，即使大樓如林，但最洗練的銀座還是最洗練的，而且因為各種形狀的名建築，讓人更意識到銀座是藝術的銀座。

銀座在日本的地位是絕對的，依然健在的著名的古典建物依然吸睛，一九三二年建的奧野公寓因為竹野內豐與松雪泰子主演的日劇而更加引人矚目、森岡書店進駐的鈴木大廈、銀座陸標而有鐘塔的和光本館、有著圓窗及拱形外壁的一九二九年（關東大地震後）建的泰明小學校、或是至今還在爭議要保存或拆除的黑川紀章代表作的鳥巢般的膠囊塔、捷克設計師安東尼・雷蒙設計的教文館大樓、林昌二等設計的三愛夢想中心、只保存了入口的交詢社大樓等等。

其他如橫河民輔設計的三越百貨、電通大樓，經過

八、九十年依然是美麗的現役建築，在外堀通上的電通大樓，一九三四年築，入口處雕刻有廣目天與吉祥天，很有日本最大廣告業者的神氣。

現在則名師設計的大樓比比皆是，像是伊東豐雄設計的 MIKIMOTO Ginza 2 的洞洞館、隔鄰的光井純設計的女性線條美的不鏽鋼的 De Beers（珠寶店）銀座大廈，或在數寄屋橋交叉點的像是江戶切子（雕刻玻璃）的東急廣場銀座二〇一六年重新開幕，或也有隈研吾繼岡田信一郎、吉田五十八之後將在昭和通跟晴海通會口的歌舞伎座融合而

和光大樓鐘塔是銀座象徵

摩天樓化等，跟三越百貨隔著晴海通對望的日產汽車，二〇一六年重新開幕成了 GINZA PLACE 則是日本傳統工藝的「FRETWORK（透彫）」或是二〇一七年開幕的驚世之作 GINZA SIX 是谷口紀生設計的；這些建築既前衛新奇，但又跟銀座傳統街景十分調和。

世界名牌與名師設計的大樓在銀座非常多，二〇〇一年落成的銀座愛馬仕是義大利建築師 Renzo Piano 作品，晝夜藉著光線而有不同的表情；Gucci 銀座是 James Carpenter 設計，用了品牌主題色的金色與棕色，原本樓上有豪華氣派的 Gucci Cafe，是價格合宜的餐廳，原本是 Gucci 在亞洲唯一的餐廳，我常帶朋友去，可惜二〇一七年已經關閉；Dior 則是乾久美子，阿曼尼銀座塔內部則由義大利建築師 Massimiliano and Doriano Fuksas 夫妻擔任，租賃跟裝潢花了二十五億日圓，外觀則是竹子意象；LV 銀座並木通店，是 LV 在日本首次開的直營店，是青木淳設計，在玻璃強化纖

外國觀光客的大巴士常通過銀座

維混凝土上鑲嵌透光大理石，有石壁的質感，卻又像是手工剪紙畫。

銀座現在已經成了日本乃至世界最密集的名師建築博覽會場了，至少有四十棟稱得上名建築，這些建築雖然也有該有的誇張與驕傲，但大抵都非常尊重銀座的歷史傳統，還是保留了幾分矜持，因此不會有哪棟建築讓人覺得有壓迫感。

銀座是日本各類造詣的最高峰，是時尚的銀座、藝術的銀座，也是美味的銀座，也因為有許多古老美好的事物，也是動輒百年老鋪很多，各處大街小巷裡有無數的大小有典故的店家、設施、小寺社、紀念碑物等，像銀座現在也還有古老的錢湯如銀座湯、金春湯等，因此銀座又很適合懷舊散步，許多文豪藝術家都曾在銀座流連忘返，不是沒有原因的，銀座也是我每年都要去好幾次的老地方，銀座漫步的故事現在才開始。

01 ___ 銀座藝術名建築：交詢社
02 ___ 銀座藝術名建築：交詢社全景
03 ___ 銀座街景

5

6

04 ___ 和光大樓考究的門常是攝影對象
05 ___ 街頭的小小 TRICK ART
06 ___ 銀座信箱配合街景成深綠色

stage 2

下町時光論述

早稻田　江戶川橋

懷抱秋日情緒散步

大隈庭園

早稻田大學算是日本私立大學之雄，長年都排名日本私大第一名，歷史也悠久，到二〇二〇年就創校百年，而且不斷巨大化，原本大抵是一個學年的話，東大三千人，慶應七千人，早大一萬人，不過因為日本四成的學生都集中在東京的大學，日本政府削減超額招生的大學的補助，早大從二〇一七年突然少收二千人，但還是人數很多，因此早大附近的高田馬場、雜司谷、江戶川橋等地也都是大學城氣氛，都算早大勢力範圍；早大校園寬闊，有意思的名景點不少，而且讓人自由入校參觀。

早大校園東北角有一大片綠意濃厚的高台地，這是江戶時代肥後藩（熊本藩）的細川家以及上總久留里藩黑田家的屋敷所在；現在細川家的美術館「永青文庫」以及從新江戶川公園改名的「肥後細川庭園」也在這一帶，或是原為曾任總理的山縣有朋屋邸的「椿山莊」也都在此，山縣有朋的屋邸都會有非常講究的庭園，如京都的「無鄰庵」等，椿山莊也以庭園之美聞名；現在是對外開放的，不投宿飯店或不用餐也能盡情遊覽庭園，園內頂上的三重塔是從廣島賀茂竹林寺移來的，是國家指定的文化財。

椿山莊的附近還有「講談社野間紀念館」，主要展示講談社與第一代社長野間清治所蒐集的藝品，也有如講談社許多名雜誌創刊起的封面插畫等在歷史悠久的主細川家的永青文庫舉行，蒐藏品是以日本、東洋美術為主的美術館，也是有七百年傳統的肥後藩主細川家代代相傳的藝品以及歷史資料，尤其第十六代細川護立的蒐藏等；日本二〇一五年的春畫展，是多虧前首相細川護熙（他算是細川家第十八代當主）英斷，雖然「十八禁」，卻能在永青文庫展出，這批春畫是精品，包括在大英博物館展過的，連北齋的「章魚與海女」（章魚舔陰）等超級前衛的名作都有。

從江戶川橋站要到永青文庫或椿山莊前，會看到

細川家的永青文庫曾舉辦過春畫展，轟動國際

一棵高大凜然的銀杏樹，秋日散發出黃金光芒，讓人理解到原來銀杏樹就是黃金公孫樹的道理；也會經過關口芭蕉庵，也值得一遊；這是寫《奧之細道》的日本俳人松尾芭蕉曾經住過的地方；庵內有芭蕉堂、庭園及池塘等，一度燒失過，現在是講談社、光文社以及國王唱片等所設立的保存組織在維持。

早稻田這一帶，除了早稻田大學外，也還有日本女子大學、學習院大學等；如果下了目白坂道，走到音羽通，那邊又有御茶水女子大學、跡見學園女子大學等，會突然發現日本女子大學還滿多的，而且原來大學還是成群聚集在一起。

坂道下的護國寺是有數的名寺，在東京二十三區內很少保有如此廣大的寺院境地，達五萬坪；這裡是德川幕府第五代將軍綱吉的生母桂昌院發願而建的，算是幕府的祈願寺，在一六八一年建的；這裡尤其匯集了日本傳統建築之美；元祿時重建的護國寺本堂（正殿）集結了當時技術的精華，在掛鼻（橫木兩端的突出部分）上有獅子、貘、象等雕工精細的雕刻。即使曾遭逢地震、戰爭侵襲，現在依然保留著建築當時的面貌，是極為珍貴的建築物，國家指定的重要文化材。其他境內多數建築物也都是文化材，如月光院客殿是從京都（滋賀縣園城，即三井寺）移築過來的桃山建築。境內有一半的面積是墓園，裡面安葬著大隈重信、山縣有朋、山田顯義（曾任司法大臣）、梅謙次郎（民法之父）許多政軍名人，也是墓園散步者所愛的場所。寺院旁的群林堂的名物豆大福，不時出現排隊，因為是用北海道上富良野產的紅豌豆做的，有時下午二點多就賣完了。

早稻田校園內值得遊覽之處很多，正門首先看到大隈講堂，也是國家指定的重要文化財，講堂側面的拱廊非常優美；來早大參觀的人都會在早大創業者大隈重信（一八三八至一九二二年）像前拍紀念照的，想進早大的學生，則在像前投錢祈

大隈講堂

願，算是人氣景點。

大隈重信本人是很喜歡銅像的，自己生前就曾打造大隈夫妻像，不過夫人像現在被放到大隈庭園

裡，而且一九〇七年由朝倉文夫打造的銅像，穿著從政時代的禮服，因為有礙學問及校園獨立氣氛，因此被放在講堂迴廊盡頭；比較人氣是他過世後的昭和七年（一九三二年）、早大創立五十週年紀念、大隈逝世十年也是由朝倉文夫雕刻的長袍像，因為他失去右腳，而拄著拐杖，其實是他年輕有雄心壯志的模樣。這件作品也是朝倉文夫代表性作品，同樣的銅像在谷中的朝倉雕塑館裡也有。

大隈庭園是大隈重信邸的庭園為主，而在一九二二年捐給早大的，兼具日本庭園及英國庭園之趣，非常豐富；園內還有台灣及韓國留學生捐贈的的鐘、獅子像等。早大裡值得參觀的還有會津八一（歌人、美術史家）紀年館；我較常去的是坪內博士紀念演劇博物館，昭和三年（一九二八年）建的模仿英國財富劇院的建築，古色古香；這是紀念創刊了《早稻田文學》的英國文學家、小說家、劇作家的坪內逍遙；不時舉辦各種特展；參觀早大，如果跟校方申請的話，不但有早大學生嚮導，還可以參觀大隈講堂鐘塔內部以及中央圖書館等。

早大正門前有個非常藝術的怪建築，讓誰都會多看幾眼，而且好奇到底是誰建的，那就是DORADO GALLERY（世紀藝廊），原來是曾經在芝加哥藝術大學留學過的主人梵壽綱建的，把自己當時製作，外壁有許多他自己製作的七寶燒等作品，非常奇特，特別去參觀都值得。

早稻田

正門前的學生通有昭和二十五年（一九五〇年）開店的古典喫茶店ぷらんたん，從二階靠窗的位置可以一覽店內無遺，巨大樑木撐起天井的結構，很像往年的山間小屋，是維持開店至今的味道，很適合啜飲維也納咖啡，這家Cafe據說吉永小百合讀早大時也經常光臨，去了就有濃濃的早大味吧！

01 ___ 早稻田大學前的藝術建築

ともに 未来へ
孔子（公元前551年－－前479年）名丘，字仲尼，春秋末期魯國人，中國古代偉大的思想家、教育家，儒學派創始人。
中華人民共和國
山東省人民政府

3

4

5

03 __ 大隈庭園
04 __ 早稻田，大隈庭園，台韓留學生捐贈的紀念物
05 __ 早稻田大學附近的路面電車

赤城神社

神樂坂是從明治時代開始就是花街，料亭、旅館、茶屋林立，昭和十年（一九三五年）還有一百五十家，是東京有數的花柳界，可以現在也依然不改風情，是所謂的「粋（江戸美學）的歡華街」，運氣好的時候也還能看到藝妓踩著石板路，趕著去接客，平時夜晚也可以看到有黑色大轎車進出，可以想見還有許多日本政經巨頭愛在此處談興一番，從飯田橋出口的神樂坂下開始的神樂坂通，順坡上爬的這條欅樹坂道，就是神樂坂，也是早稻田通的一部分。

神樂坂的特點是有個性的老鋪或和風摩登的餐廳、和風雜貨店等非常多，鬧意從不止息，神樂坂通的兩側有數不清的小巷，保證會迷路，其實是最適合散步的老街。剛上坡不久，就有幾條橫丁、小路如兵庫橫丁、隱坊橫丁、見番橫丁、神樂小路等，以及著名的本多橫丁，讓人可以穿梭不完，走走看看、買買拍拍、吃吃喝喝，而且每條巷路的情趣不同，轉個彎，彷彿是不同的世界。

神樂坂上最顯著的是二〇一七年還在改建中的毘沙門天的善國寺，幾乎在神樂坂最中間的地方，是在文祿四年（一五九五年）創建的日蓮宗的寺院。本尊毘沙門天是從江戶時代就被以「神樂坂毘沙門樣」而獲得民間的仰拜，也是新宿山手七福神之一；「嵐」的二宮和也在二〇〇七年主演的日劇《拜啓、父親大人》就是以神樂坂為舞台的作品，因為善國寺不斷在戲裡登場，而且介紹嵐的成員演出的外景地等地的書《嵐の聖地》等的影響，在嵐粉間，善國寺也成了「嵐の聖地」，每年初詣等都會來參拜，從院內留下的繪馬等可以看出，港台韓的嵐粉都要到此一遊，而且也要去買二宮在劇中啃的「五十番」的大肉包。或是到二宮當學徒學料理的「鳥茶屋本店」或「鳥茶屋別亭」吃碗著名的烏龍麵；尤其在本店可以吃到關西鄉土料理的烏龍鍋麵（うどんすき），該店是用天然利尻昆布以及枕崎本枯節（柴魚）熬的高湯，麵是自家製的極粗手打麵，外加十七種料，是風靡在東京的關西人逸品。

神樂坂因為曾為高級花柳界，因此這一帶的人嘴巴都很刁，不是美味的料理無法在此地生存下去，這一代不僅日本料理道地，法國菜也是東京可以吃到水準好而價錢最合宜的地方，因為神樂坂是東京的小法國，國際色彩濃厚。

這是因為日佛（法）學院就在神樂坂，因此學法文或法國人都群集此地，神樂坂由出版社新潮社的倉庫改建的文青新聖地「**la kagu**」（隈研吾設計）的 **la kagu**，其實是因為在日本的法國人唸神樂坂（**Kagurazaka**）都只簡略地說是 **la kagu** 來的，因此如果想買法文書，可以到日佛學院裡的「**Rive**

這裡法國菜、義大利菜、西班牙菜都有

gauche（左岸）」，而神樂坂處處都有可以吃法國菜、法式甜點（蕎麥粉做的薄餅）或買到上好的法國蛋糕、法國麵包，許多法國朋友都認為這裡許多店家的水準勝過法國，最明顯的是麵包餐飲連鎖店的「PAUL」神樂坂店就比巴黎很多家都好吃太多。

道地的法國菜在東京是遠比道地的義大利菜要貴很多，雖然也有拿了米其林二顆星的「Le Mange-Tout」是中午七千日圓、晚上一萬五千日圓起的餐廳，或是中午五千，晚上一萬日圓起的超纖細而富有藝術感性的「La Tourelle」；日佛學院的「La Brasserie」綠意盎然，中午三千日圓、晚上五千日圓，讓人忘記東京都心的喧囂。神樂坂還有許多庶民性很高的法國菜，如「La Cave IDEAL」、「LE PARISIEN」等三千日圓就能吃到完美的套餐；或是神樂坂通路旁的「夏目亭」，是正統派法國菜，相對於價錢（四千日圓套餐），內容豐盛。

此外，「Le Bretagne（布列塔尼）」是可以吃到法國蕎麥薄餅（Creperie）的名店，這種薄餅就是布列塔尼的鄉土料理；salon de thé Un Gâteau 是用北海道麵粉等講究材料做出上好的法國蛋糕的名店，許多美食家都給滿分評價；在神樂坂路旁的「Bonribieru」也是不錯的選擇，店內有草間彌生的畫，蛋糕麵包都值得品味。

神樂坂的法國餐廳或甜點店要找到難吃的還滿不容易的；但是神樂坂不僅是小巴黎、小法國，神

神樂坂小巷

樂坂更是東京的小京都；尤其兵庫橫丁、隱坊（かくれんぼ）橫丁一帶，京風十足；兵庫是因為戰國時代的牛込城的武器庫在此而得名，石板小路，宛如京都東山的石塀小路，這一帶好旅館好餐廳很多，像作家野坂昭如或電影導演的山田洋次、或寫《拜啓、父親大人》、《安寧之鄉》等的劇作家倉本聰等人所愛投宿的「和可菜」，這裡的黑木板牆等至今不知道吃過多少底片了；旅館的一角是殘留有料亭風情的日本料理「美食坊（おいしんぼ）」這個名字正是日本賣最多的漫畫《おいしんぼ（台譯《美味大挑戰》）》的名字，這也是因為作者雁屋哲也愛住這裡，而且在這一帶出沒。

神樂坂的日本料理非常厲害，即便是連鎖店的神樂坂店也不同凡響，像是創作料理的「だいこんや（大根屋）」或就在善國寺旁的平價河豚的「玄品」等都比其他地方的分店要像樣。和風料理好，和風點心也厲害，「神樂坂茶寮本店」是用日本傳統素材做出餐飲、甜點的Cafe，不論什麼時候總是有人在排隊；和風甜點還有神樂坂入口處的「紀乃善」也是樣樣絕品，幾乎也是從開店就有人排隊。

神樂坂近年也是蕎麥麵名店匯集之處，首選是「石臼挽手打蕎楽亭」，我在神樂坂想吃蕎麥麵食總去這裡，二色蕎麥麵、天婦羅或四季應時料理樣樣考究，尤其天婦羅是跟銀座天價店的水準一樣好，穴子也都用活的現剖的，但價格很普通，而且也是雅緻的和風空間享用，即使需要排隊，也是值得的；評價超高的「巽蕎麥志ま平（しまへい）」則在牛込神樂坂一帶。而更多豐盛的神樂坂美食之趣，永遠期待下回。

くるみ
1

2

la kagū
3

4

神楽坂飯店
エビ麺
¥780
春菊麺
¥700
サンプル 写真は商品の参考です。
内容 器等は変更する場合があります。
詳しくは店員にお問い合わせください
5

6

7

8

9

10

01 ___ 老街裡的老果菜店
02 ___ 善國寺
03 ___ 新潮社的書庫改建的 la kagu
04 ___ 夏目漱石愛吃這裡的鰻魚飯
05 ___ 最經典古老的大食王的名店，神樂坂飯店
06 ___ 神樂坂販售絕品卡士達麵包的龜井堂
07 ___ 神樂坂的小童像，每個季節都有人幫他裝扮
08 ___ 著名的 book 酒場余白
09 ___ 這裡是小法國，附近法國居民也多
10 ___ 赤城神社

風情無限的人工島新舊交錯

月島　佃島

月島一景

月島、佃是東京很明顯高聳的塔層大廈跟下町情緒並存的地方，這裡是夾在隅田川跟晴海運河之間的老街，月島原本是明治時代將隅田川一部份填掉的河浦新生地，佃島則是江戶時代有從大阪佃村的漁夫遷居來此地捕魚，而開始有佃的存在，而且也從佃村招來了住吉神社，也因為居民對此地的愛惜，佃島保存了古老美好的狀態。

從漁船入港的佃小橋眺望摩天樓宛如時光交錯

出了月島車站，抬頭看都是塔層大廈，簡直是近未來的景觀，但是在附近繞繞，景觀突然一變，尤其在朱色的佃小橋那一帶，還可以看到有許多從隅田川來靠岸的漁船及渡船，在佃大橋蓋好前的三百年間，靠渡船一天往來於隅田川兩岸的歷史會乍現眼前，不過背後依然是摩天樓，可以說是古今交錯。

月島在佃旁邊，是從明治末期到昭和初期填出來的，原本是石川島造船所工廠以及工人生活的老街，工人間有連帶感情，非常體貼彼此，因此成了一個很有親和力的地區。

現在佃公園裡還有石川島燈塔跡，面對隅田川，這是慶應二年（一八六六年）為了隅田川以及品川海岸一帶航行安全而造的燈塔，附近有整備得不錯的步道，許多日劇都在此地取景。

月島跟築地之間，有原本是有一九四〇年完工的日本最大可動橋（跳開橋）「勝鬨橋」聯繫，起

初還有些大型船隻經過，因此有需要跳開，不過從一九七〇年後就沒開過了，不過和清洲橋、永代橋是國家指定的建築的重要文化財，在築地還有它的博物館。從築地過了勝鬨橋，走到貫通月島中央的西仲通去，這裡約有七十家的文字燒（以及御好燒）的店，文字燒幾乎已經成了月島的代稱；文字燒原本是賣孩子零嘴的駄菓子店給孩子當零食吃的沒有什麼料的高水分麵粉燒，不斷進化成什麼豪華的蝦貝等都放的高級大人食物。

在文字燒街的入口有「月島文字振興協同組合」，可以索取免費的文字燒地圖，也賣有文字燒的紀念品等，著名的「森島商店」也出售有月島紀念品；文字燒哪家好吃？老店的「好美家」、「路地裏」、「藏」、「近藤本店」都不錯，我喜歡海鮮，因此去了海鮮文字燒「片岡」。月島文字燒排行榜上的店很多，各有特色，因此全看自己喜歡什麼而決定。

文字燒通的西仲通

不過月島跟佃不是只有文字燒、御好燒而已，也還有許多獨特的食物，如炸豬肝、Motsu モツ（牛或豬的大腸、小腸等內臟）煮等都是絕品，許多店裡可以吃到，像是佃名店「ひさご家阿部」；巷子裡的「牛モツ元氣」主要賣牛腸肚、牛肺以及牛喉等，是耗了四小時熬的，許多人從遠地跑來此地想用。

佃還有著名的駄菓子店「高瀬商店」，昭和六年（一九三一年）成了中央區指定的文化財，是很美麗的出桁造（梁或腕木比側柱筋更向外突出的結構）二樓還有銅板葺的戸袋裝飾，但也很可惜在二〇一五年成了停車場，老房子要保存的確不容易，主人也是努力為了孩子們維持到最後一刻。佃其他古典建築也還很多，有時會擔心以後都只能在記憶體等見面了。高瀬旁邊的漆器「中島」，主人也是唯一的職人，自己一個人完成所有的漆器工程，非常少見，至今依然一個人默默埋頭製作，用黑檀或紫檀做的八角筷子非常有人氣。

佃值得一遊的地方很多，首先去了從大阪分靈過來的住吉神社，境內也文化財多多如水盤舍、陶製住吉神社匾額板繪著色蘭陵王圖額、木板金地著色蘆鷺圖額以及住吉神社文書等、最令人感動的是水盤舍上雕刻的都是漁夫工作的模樣、這是我第一次看到的。住吉神社的神輿是八角形的、在附近川邊的小會館有展示。

住吉神社外，也還有著名的埋沒在暗巷裡的佃一丁目的佃天台地藏尊，這是守護天真無邪的孩子的地藏，據說已經有千年歷史；要找地藏最好的方法是先找到樹齡一百多年的銀杏樹，附近的民家都配合樹來蓋房子，可見這株老樹多麼受到周邊的人愛護。

跟月島代名詞是文字燒相比，佃島的佃煮更厲害，日本傳統食品的佃煮就是從佃來的，雖說或有可能是大阪的佃村，但真正發揚光大的是佃島無疑吧！佃煮就佃島漁夫在天氣不好無法出去打魚時，就用鹽或醬油（外加糖或味醂）把小魚、貝類等等煮成常備菜、保存食品，有時捕到大量雜魚，就做了佃煮出售，因為保存性高以及價格便宜，因此在江戶庶民間非常普及，現在日本全國各地都有在做佃煮，魚貝類產地、醬油產地等，內容也很多，甚至牛肉產地也有牛肉佃煮等。

佃煮第一名店是「天安本店」是天保八年（一八三七年）創業的，一百八十幾年來都遵守創業時古法來生產佃煮，讓佃煮成了日本代表性的味道；不論寒暑都有很多人擠在小小的店裡選購，據說天安用的醬是從創業當初一直密傳的，因此風味絕佳，到了店裡，瞬間就能體會到佃島的歷史，也是「古今」的古味的代表！

01 ___ 石川島的燈塔
02 ___ 摩天樓倒影
03 ___ 隅田川邊的公園
04 ___ 月島文字燒老店「好美家」
05 ___ 月島老肉鋪
06 ___ 月島御好燒
07 ___ 佃煮的第一名店「天安」
08 ___ 看到這樣的貓，就理解這是和藹的老街

お好み焼
好美家
よしみや
SAPPORO
15-10
元祖
4

肉のたかさご
米澤豚
5

6

天安
元祖つくだに
元祖
佃
つくだに
天安
7

8

江戶情趣的舞台

日本橋 人形町

人形町，水天宮

日本橋人形町近年是東京最夯的地區，或許是東野圭吾的小說拿這一帶當舞台等，但最重要的是這裡從江戶時代起就是核心地區，在江戶開設幕府的慶長八年，一六〇三年起，架設了日本橋，這裡就是五大街道（東海道、中山道、甲州街道、日光街道、奧州街道）的起點，因此繁華無比，許多老鋪吳服店如「三越」、「高島屋」等集中於此，創造時代的時尚流行，到現在也是江戶時就創業的數百年老鋪比比皆是，創業一百年、二百年不算什麼，除了競渡外，提高日本企業平均壽命的業種都在此，散步時懷舊情趣特別濃厚。

人形町因為有安產授子、除水難的「水天宮」，江戶時代起有許多小劇場聚集，也有許多是人形劇（玩偶戲），相關職人也集合於此，也是「人形町」的由來；水天宮原本是九州久留米的神，第九代藩主有馬賴德在東京開了分社，現在的宮司有馬賴央，也是有馬家主宰祭祀的總管。水天宮也在東野圭吾小說登場，亞洲參拜客增加不少，

水天宮的漢字牌讓老外興奮異常，連按快門

境內也隨處可以看到帶著嬰兒來還願的家庭；水天宮於二〇一三至二〇一六年重建，遷移到明治座旁，現在新宮不僅社殿、參道以及迴廊都有免震裝置，也是建築設計得獎的宗教設施；不時看到宮司熱心地介紹社殿地下的免震裝置。

人形町的甘酒橫丁有和菓子、人形燒、鯛魚燒、

人形町，甘酒橫丁玉ひで是創業於寶曆十年的真的江戶時代舊有的三百五十年老店，專做雞料理

煎餅以及各式和風雜貨等連軒，甘酒橫丁的名字也是源自江戶時代，這一帶賣甜酒釀的店不少；創業八十年的「重盛永信堂」的人形燒是一個個手工做的，薄皮多餡；天保八年（一八三七年）創業的和風Cafe「初音」還每天都用石臼打麻糬等，不論外界如何變化，這一帶的食物堅持江戶以來的作法，要難吃也不容易。

許多名店的總本店都在日本橋，像是昭和六年（一九三一年）創業而以蛋包飯聞名的洋食店「泰明軒（たいめいけん）」，該店因為池波正太郎稱讚而聞名現在是第三代的茂出木浩司當家，為

了想要對女人吃得開，還上日燒沙龍去把皮膚曬成麥褐色，不像許多廚師為了維持清潔感而故意不曬太陽，鎮日戴手套；茂出木企畫的餐飲商品非常多，日本橋三越地下也有賣泰明軒的成菜專櫃「デリカテッセン・ヒロ」，他的祖父茂出木心護也是第一代日本風箏會會長，也因此泰明軒紅色大樓的五樓是「風箏博物館」，展示江戶風箏、六角風箏等；在一樓吃完蛋包飯後可以上樓參觀，這也是江戶情趣。

一八三四年創業的日本第一家水果專門店「千疋屋（Sembikiya）總本店」也在此地，千疋屋是日本最高級水果的代名詞，尤其是一顆數萬日圓的

人形町今半肉店

哈密瓜，最為有名，高收視率的日劇《Doctor-X～外科醫・大門未知子～》劇終時總會出現哈密瓜換開刀的高額報酬，也是千疋屋所打造出來的形象；日本橋總本店最近開始搞週一「世界果物吃放題」都是提供高級水果，雖然要六千四百八十日圓，但每個月一日開放報名，秒殺爆滿。

相對於丸之內是三菱的地盤，日本橋這一帶是三井的地盤，已經是國家級的重要文化財在此，二〇〇五年這個地區最早出現的摩天樓的「三井塔」其實也不過是地上四十層樓，也是意識到跟老街的調和；「三井紀念美術館」典藏有國寶級的美術作品，館內也有Cafe，值得參訪。

三井集團也把日本橋三越前附近重新開發而有了「COREDO 室町」、「COREDO 室町 2」與「COREDO 室町 3」，將日本橋乃至日本許多老鋪或世界的人氣店以新面目展示出來，不論細緻百貨或餐飲，好店不少，多少發揮了重振日本橋昔

日風華的效果。

日本橋本身可去百貨總本店如三越、高島屋等，近年也擠滿了外國觀光客；三越可惜併入伊勢丹集團，日本橋店不再是旗艦店了，但是一樓到五樓無柱穿堂的天女真心雕像依然壯觀，這是一九六〇年為了表示對客人的真心而設置的，是日本雕刻界巨擘佐藤玄晚年在京都妙心寺大心院，費了十年歲月刻出來的，是他藝術人生總決算，高達十點九公尺，被稱為是「過剩之美」，因為背景豪華奪目，乍看不知道天女在哪裡，這也是一種表現方式吧！

三越日本橋店屋頂有英國庭園的「Chelsea garden」讓人意外驚喜外，三井與三越前身是時代劇都出現的「越後屋」，因此三越屋頂上有越後屋祭拜的三圍神社，也是「日之本開運活動大黑天」是日本橋七福神之一；三圍神社旁有一個「夏目漱石的越後屋」的紀念碑，原來是夏目漱石曾到三越購物，其後小說中也常登場。

日本橋人形町一帶美食不計其數，吃壽喜燒的名店「今半」雖然分店很多，同樣花錢一定要吃人形町本店的；出汁（高湯）的玉子燒不論「鳥近」或「鳥忠」都不錯；雞肉料理的「玉ひで Tamahide」寶曆十年（一七六〇年）創業，是永遠有人在排隊的店，白天在開店的十一點半左右去就不需要排長龍即可吃到絕品親子丼或是值、量適中的套餐。

日本橋CP值不錯的店不少，像是吃天然穴子的穴子專門店「日本橋玉ゐ」；或是天丼專門店「金子半之助」是現在總板長金子真也的祖父，該店有所謂「門外不出の『秘傳江戶前丼醬』」，菜單只有一種，就是江戶前天丼，價格九百九十九日圓，內容豐盛驚人，溢出丼碗外，不過該店本店也是一開店就排隊的，有耐心的朋友值得比較看看。

江戶色彩濃厚的兩大寺社

門前仲町

門前仲町富岡八幡宮

在東京散步，最大的感想是處處都有江戶，一六〇三年至一八六七年的二百多年的歷史在每個角落都能看到，門前仲町更是如此，這裡正如地名顯示的，是寺社的門前仲町。

江戶時代是一六二七年設的「永代嶋八幡宮」，因為是從沙洲填出來的地，非常廣大，有六萬多坪，庭園美麗而高人氣，尊崇八幡大神，也受德川將軍家的保護，也是庶民敬愛的「深川八幡樣」；此外江戶時代也由長盛法師在境內建了永代寺，當作管理神社的別當寺院，永代寺也是深川不動堂的源起；門前仲町，當時就是永代寺的門前町，後來神佛分離，只剩八幡宮，永代寺被廢掉，但以祭祀成田不動分靈的「深川不動堂」而存在。

現在門前仲町是富岡八幡宮以及深川不動堂的兩大寺社的門前町，每個月的一、十五、二十八日都是深川緣日（神佛降臨、誕生日，也是許願佳日）

會有許多攤子擺出來，熱鬧無比。富岡八幡宮是江戶最大的八幡宮，每年八月舉行的「深川八幡祭」是江戶三大祭之一，抬號稱「天下一」的黃金神輿是深川人的驕傲；境內展示有黃金神輿，一旁就是在江戶時代測量過日本全國各地而製作日本現代地圖的伊能忠敬。

這裡同時也是江戶勸進相撲（亦即現在大相撲，為了修建神社佛寺籌錢而表演相撲，也是職業力士的起源）發祥的神社，幕府最初公認的勸進相撲是貞享元年（一六八四年）在富岡八幡宮舉行的，其後春秋二場所中也有一場所必在富岡八幡宮舉行；因此境內有「橫綱力士碑」還有許多跟大相撲相關的石碑。我也在此發現了李鴻章的捐款碑，看來他頗喜愛相撲。

富岡八幡宮也被稱為是江戶歷史館，境內許多貴重的舊跡跟石碑很多，尤其對於相撲迷而言，處處皆寶；像是江戶高個力士碑，既有生月鯨太左衛門是七尺六寸（二百三十公分）或大空五武左衛門是七尺五寸，簡直是大巨人，可以想像單單出場就會滿場沸騰；橫綱力士碑是最有份量的，從第一代橫綱的明石志賀開始排列，第一石碑滿了，又繼續刻到另外的石碑，包括最新的稀勢之里，因為是連續幾位蒙古出身橫綱後的日本人橫綱，許多小學生看了都會歡呼。

八幡宮境內的「深川宿」是吃「深川飯」的老鋪，深川飯就是加入許多蛤蜊、蛤、青柳以及蔥漿等的炊飯，這裡的深川飯還加了點味噌，格外襯托蛤蜊的鮮美。

深川不動堂是大本山成田山新勝寺的東京別院，雖然有點商業氣息，庶民性十足，本堂完成是明治十四年（一八八一年）有免費的嚮導，焚燒薪火的護摩祈願魄力十足，或也可寫經，據說有人奉納了三千五百份寫經；堂內可以參觀的地方不少，新本堂的壁面刻了不少梵文；隨處有名家雕刻以及天井畫等。

八幡宮跟不動堂之間夾著深川公園，這裡也是日本最早有的幾處公園之一，一八七三年就有了。

因為是門前町，因此也有參道——人情深川利益通，有幾家很不錯的和菓子老鋪，像是在明治時代便開始做銅鑼燒的「梅花亭」，在深川不動前已經開了六十幾年了，店內可愛的和菓子很多，單單作為「銅鑼燒」發祥地也值得進門買個銅鑼燒，名為「三笠山」的銅鑼燒，是若草色的豌豆餡，色味都高等；在大江戶線門前仲町站附近有甘味處「入り江」，是吃「餡蜜（あんみつ）」的名店，花色有一百多種。

參道上原本還有清水甘酒店，明治元年創業，最初是做洋菜甜點「金鍔（きんつば）」的名店，所做的金鍔是文豪池波正太郎所愛吃的，最盛時，一天賣三百個；但一九七四年因為唯一的職人逝世，而變成甘酒屋，這裡的甘酒只用米跟麴做，然後可以摻點薑，渾身暖和，不必加糖也很甜。二〇〇七年已經八十八歲的女主人清水政子是否健在？總讓許多這裡的甘酒迷擔心，在二〇一三年前往時，清水甘酒店就已經消失，變成是 MONZ CAFE 了，香氣十足的咖啡店，喝了就知道什麼是好咖啡的一家店，從店內可以看出是古民家改造的，但想到原本是清水甘酒店，還是有幾分惆悵。

畢竟這裡就是深川，可以吃深川飯的店不少，像是「壽司三木」，在中午可以吃深川蛤蜊丼；隔著永代通，八幡宮鳥居對面的「魚三酒場」是從傍晚四點起就開始排隊的東京著名居酒屋；或是走到大橫川的巴橋邊也有洋食「中滿」等，大橫川跟永代通平行，春天櫻花滿開，可以邊吃邊觀賞，從巴橋沿河走，走過石島橋、到了黑船橋，這裡就是清澄通了，往南是月島，往北則是咖啡新勝地的清澄白河，或許因此在跟永代通交叉點就有了咖啡專門店「東亞」了，看來敢在這一帶

01 ___ 門前仲町永代寺與參道
02 ___ 門前仲町的 MONZ CAFE
03 ___ 門前仲町富岡八幡宮橫綱力士碑

採茶庵

力士碑
巨人力士身長碑
かね松
原由商事

5

4

日本一 堅め!!
げんこつ
究極の 胡麻せん
胡麻深川
さざれ石

6

胡麻深川
550
堅焼深川
550円

冷し
甘酒
あま酒
甘酒
300
330円

7

04 ___ 門前仲町的富岡八幡宮裡各種力士碑
05 ___ 門前仲町附近有芭蕉採茶庵
06 ___ 門前仲町參道上各種和菓子店
07 ___ 門前仲町參道上的 MONZ CAFE 等店鋪

08 ___ 門前仲町深川不動堂

stage 3

花與祭典的祈晴漫步

新春到淺草、奧淺草漫遊

淺草

從淺草吾妻橋可以看到晴空樹以及三得利的黃金雕塑

新春來日本玩的人非常多，淺草幾乎是所有人都必修的東京入門課，尤其新春期間會想趁機去寺院祈福的人不少，淺草是東京人最愛，也是外國旅客想到東京，就會浮上雷門形象，淺草、淺草寺幾乎代表東京，因為還有許多老江戶的因素潛藏其中。

我因為常當地陪，到過淺草次數數不清；新曆年的初一到初三的淺草寺初詣人數多達二百一十九萬人，因此要排隊幾個鐘頭才能參拜成功，否則只能從旁側參拜；因此舊曆年才去淺草，是不錯的選擇。

因為去了很多次，這次想去不同的小景點，來趟屬於自己的時光隧道之旅，首先搭了地鐵到淺草站，從六號出口出來，這裡是非常老舊的地下道，走出來，非常吃驚，這裡的模樣跟昭和二年（一九二七年）銀座線開始通車時的景象一樣，居然有食堂、銅幣店等，甚至還有七百元理髮，而且就叫 Seven 理髮，真的是鄉土電影裡的情景，是我出生前的世界在眼前展開。

淺草寺前的雷門，有個大燈籠，在浮世繪裡就可以看到，但沒大到如此，現在寫有「雷門」兩字的大燈籠仔細一看，這可是「經營之神」松下幸之助捐贈的。進了雷門，淺草寺的寶藏門前，也就是表參道，是許多商店並列的仲見世，是從江戶的貞享年間（一六八五年左右）就開始了，在明治十八年（一八八五年）時曾改建為紅磚建物，一八二三年的關東大地震後大正末期改建現在的模樣。

進入仲見世，右邊第一家店「評判堂」是歷史非常悠久的老鋪，而且是從明治時代起就在這裡賣雷粔籹（米香）或各色小米果等零食，店內一眼就可以看到招牌絕品的芝麻花生糖（一袋三百五十日圓）但幾乎沒用什麼糖漿，因此不黏牙又香脆，主要是材料的芝麻花生都很新鮮，每一口都有噴鼻的香氣，硬度又很適中，每一口都滿足，是我吃過最好的芝麻花生糖；我在台灣也買，但常有點過時的霉味；評判堂還有乾硬的大米果的「拳頭（げんこつ）」（一袋五百八十日圓），也是招牌零嘴。

從江戶時代就有的仲見世永遠擠滿人

淺草店很多，許多店都是專賣外國觀光客的，還是真正老鋪讓人安心；我常買「舟和」的芋羊羹（一條一百三十日圓）是生鮮食品，即使冬天也頂多隔日，材料是地瓜100%，舟和四處都有分店，但「評判堂」就在淺草，主人姓「富士」果然跟富士山有點關連，原本是山梨淺間神社宮司的家系。

仲見世最裡面右側則有「助六」，這家店已經傳了五代，老闆木村說明商品宛如說書般流暢專業；「助六」是江戶末期起開的日本唯一的專賣江戶趣味小玩具的店，小玩具就是袖珍的「豆玩具」，

左 __ 外批羽織的和服裝扮男女在淺草寺參拜，彷彿大正電影情景
右 __ 在神前修剪樹枝的園丁，非常酷

這是因為八代將軍吉宗時，因為下了禁止奢侈令，因此有錢商人所愛的大型豪華的玩具遭禁，才會開始玩起袖珍精巧的小玩具；這家店現在很吸引歐美人士。過了「助六」，有著入母屋厚重的屋頂的寶藏門就是要到淺草寺境內的入口；門的兩側有二具金剛力士像，是在一九六四年東京奧運才設立的，看來他們有機會再看二〇二〇年的奧運。

舊曆年的話，來自亞洲各國的觀光客很多，在淺草寺前拍照的和服美女很多，不過從穿著的和服材質以及走路模樣等就可以看出誰是日本女孩，

仲見世盡頭右邊的「助六」也是從江戶後期就有老鋪

誰是外國女孩，很可惜現在出租和服店都還是以浴衣為主，而非本格和服，許多日本女人在冬天還會外加一層優美的羽織（外套），格外有古典味道，在淺草寺右旁淺草神社參拜，宛如大正時代的電影。

仲見世東邊（右邊）的觀音通，有二〇一六年十月關門的「亞利桑那廚房」，這是我喜愛的文豪永井荷風晚年最愛的店，雖然關門了，玄關前還放有南洋樹，跟美國西部電影裡出現的酒場一模一樣，從一九四九年就開店，店裡據說播放貓王的歌曲等，一九八〇年曾經長期休業，後來恢復，現在又關門了；永井在《斷腸亭日乘》裡曾記述自己在該店開店那年的三社祭之後到這裡來。這家店在許多小說裡的約會場景常出現，永井有張讓著名的攝影師木村伊兵衛拍的倚窗的照片，就是在這裡拍的；趁著建物依舊時，趕緊去瞻仰一番。

文豪永井荷風晚年最愛的「亞利桑那廚房」宛如西部電影酒場，二〇一六年十月關店

淺草名店多，餓了，選項很多，雖然也有如吃壽喜燒的名店「今半」，但今半的話，我會想去人形町的今半，那裡更有今半的本色；到了淺草，我會想吃只有淺草才有的，那就是日本最暢銷漫畫《美味大挑戰》曾經介紹過的「弁天山美家古壽司」，這裡是一八六六年創業的，是最正點的江戶前壽司，江戶壽司是相對於關西保存型的押壽司而創的吃生鮮魚貝的握壽司，所有關於江戶壽司的傳統技法，至今在美家古都保存著，是日本握壽司三大始祖之一，吃了也徹底體會了最經典的握壽司文化。

淺草吾妻橋是我第一次到日本時投宿的朋友的母

親家，時隔卅幾年，無限感慨；現在可以看到晴空樹跟三得利的巨型黃金泡沫雕塑，橋邊有人在耍雜技，沒有在等人丟錢，所以也沒那麼認真，不時失敗。

從淺草寺東邊的江戶通往北走，走到花戶川地區，就是所謂的奧淺草地區；日本最近流行比較Deep的散步，奧神樂坂、奧澀谷、奧銀座等；淺草的雷門算是東京之門、日本之門，淺草寺是東京最古的寺院，每年有三千萬人來參拜，過門幾次、參拜幾次都不嫌多；從雷門東側的江戶通往北走，則是非常寧靜的一個奧淺草的世界，這裡過去是被稱為聖天町、猿若町，江戶時代熱鬧非比尋常，尤其原本在日本橋，當時市中心的歌舞伎小屋、吉原遊廓等風化區曾移轉到此處，在這一帶散步可以找到許多昔日的風情。

春天櫻花盛開時，隅田川公園會擠滿賞花客，從吾妻橋頭走河邊或江戶通各有千秋；因為是二月天，不走寒風颼颼的河邊，而走平時較少走的江戶通，約五分鐘，就會看到東京都內唯一的算盤專門店「山本算盤店」，店內有一百種以上的算盤，簡直是一個小算盤博物館，這裡有據說是中國算盤原型的長達三公尺的一百三十九行的算盤，也有五行的小算盤，或是有黑檀筐檔的算盤，抑或玉石做的貫珠的許多奇特的算盤，也販賣珠算問題集或相關書籍；從店外也有巨大算盤很惹眼，近看還有俄羅斯算盤等，許多不同文化的國度居然也用算盤，當然也有些計算方式跟算盤有異曲同工之妙。

山本算盤店附近則有手燒「憧泉堂」，跟仲見世幾家手燒煎餅店的不同，沒有醬油或糖漿，是屬

憧泉堂的主人認真地燒煎餅

於岩手南部煎餅系的煎餅，但不那麼硬，味道非常多樣，除了常見的花生、杏仁、胡桃、黑白芝麻外，還有椰子、蠶豆等七種味道。

店主當場一枚一枚仔細地燒；該店自傲的是他們的煎餅是試做了幾千次才完成的，也就是千錘百鍊的煎餅，說是有益女性美容、男性健康，而給孩子們添加能量，萬人所愛的煎餅，只想讓人吃了說：「真好吃！」就最值得；我吃了，也歡叫：「真的好好吃！」

一路還可以看到一八六一年創業的「宮本卯之助商店」，一八九三年起在淺草出店，專門製造販賣及修繕祭典遊行等用的神輿、山車、獅子頭等；這樣的店可以在此存在二百多年，也是因為淺草是祭典的大本家，有木工、金工、漆工等二十種職人，都是打造一個神輿所必須的，走到店裡，就知道傳承是怎麼回事。

往北走，走到了有點高度的小山丘，就是「待乳山聖天」，這裡可以眺望隅田川，櫻花季節總擠滿了人；聖天是歡喜天，專為男女牽線的，自古是花柳界的人信仰很深的神明，也是維護佛法的神明、拯救庶民於迷路的神明；現在則跟附近的「今戸神社」成為愛情婚姻結緣的寺社，非常有年

待乳天聖天是小山丘

輕女人的人氣，看來這裡古今都是愛情聖地。聖天的紋章有兩種，一種是錢帶的巾著，象徵商業繁盛；另一種是兩根蘿蔔，象徵無病息災以及夫婦圓滿、子孫滿堂；許多人去參拜時，還買蘿蔔去供奉。

待乳山旁有作家池波正太郎的誕生碑，池波寫過《鬼平犯科帳》、《劍客商賣》、《仕掛人・藤枝梅安》、《真田太平記》等以戰國・江戸時代為舞台的歷史小說，也是超級美食家，淺草所在的台東區是他最長出沒的地區，因此區內有他的紀念文庫或各種紀念碑；他是超級美食家，跟出身、成長都在淺草不無關係吧！

從東武伊勢崎線淺草站、松屋百貨、隅田川公園到待乳山這一帶稱為「花川戶」，是隅田川煙火的重要會場區，也是著名的鞋子批發街，至今也還有許多鞋店或相關的業者，雖然我還看到有八十幾歲的老爹在手工縫鞋，但受中國製等廉價鞋影響，不免有沒落之感，雖然到處都看到有心業者想重振雄風的呼籲，全球化時代，如果安倍沒有川普化，大概不容易吧！

淺草觀音寺是日本人最擁擠的地方

離待乳山不遠就是這次奧淺草小旅行的終點的今戸神社，果然今戸神社裡寫著，「這裡是奧淺草」；我去時，還是二月初，居然神社牆邊的河津櫻已經開得很亮麗了，不愧是早櫻，也是我二〇一七年第一次看到的櫻，是我的「初櫻」。

今戸神社是有千年歷史的神社，專拜應神天皇、伊奘諾尊、伊奘冉尊，因為伊奘諾尊和伊奘冉尊是眾神中最早結為夫婦，而且定居日本，而生下眾多子神孫神，象徵締結良緣及世代繁榮；因此最近許多年輕女人相偕來參拜，也可以看到帶著男友來參拜的女人，成了未婚女的超級能量景點了。今戸神社現在是日本現在非常有名的「婚活神社」，不定期舉行結緣會，等於是相親大會，非常有人氣，參加者人數很多，還得抽籤決定誰有機會。

今戸神社跟世田谷區的井伊家的菩提寺「豪德寺」，以及新宿區的「自性院」是三大招財貓發祥地的寺社，其他兩處，我也曾參拜，都不如今戸神社如此積極把招財貓當招牌，認真地讓招財貓來招財。

最絕的是，今戸神社跟招財貓的關係，在戰前或更古的文獻都找不到。雖然武江年表嘉永五年（一八五二年）有記錄說是住在淺草花川戸地區的老婆婆窮得被迫捨棄自己的愛貓，結果貓托夢說：「把我的模樣燒成娃娃，就會有福德。」因此用今戸燒（有五百多年歷史的窯）燒出貓娃娃，在淺草寺旁的淺草神社旁販賣，非常有人氣；不過這個記載中並沒有提到今戸神社。顯然今戸神社的招財貓是非常非常現代的，是趕搭平成年間的招財貓熱潮以及結緣能量景點熱潮便車後才有的，說是招財貓的發祥地或許有點誇張。

這裡最令人驚訝的僅境內四處都是招財貓之外，是本殿也擺了幾尊超巨大的招財貓，原本日本的神社就沒有具體的神像，對著幾尊招財貓參拜，會讓人錯覺這神社真的只供奉招財貓。這些招財貓的模樣，跟考證上的今戶燒的貓沒有任何關係，也不是傳統的模樣，所有的招財貓受戰後愛知縣常滑燒的招財貓造形的影響，但或許是今戶燒的窯燒出來的吧！

今戶燒是德川幕府以前就傳到江戶的，專作素燒土人形，非常純樸，現在只剩白井工房一處了，主人是第六代的白井裕一郎；今戶神社也不忘宣傳今戶燒是在這附近發祥的。

今戶神社是招財貓神社，也是婚活神社

今戶神社的繪馬跟守護符，乃至朱印帳，也都是招財貓圖案，尤其繪馬不是常見的五角形繪馬，而是圓形繪馬，「圓（円）」日文發音跟「緣」同音，造型也有很現代；神社的神主市野智繪也是著名的插畫家，因此她畫的招財貓結良緣等各種明信片也非常有人氣，愛貓的人完全無法抗拒。

境內也到處有寫有這裡是「（新選組）沖田總司終焉之地」這是因為沖田總司患有肺結核，幫他看病的幕府軍醫松田良順借住在今戶神社，松田把沖田藏到（現在澀谷區的）千駄谷，考證認為沖田應該是死在千駄谷；沖田傳說是帥哥，又是天才劍士，新選組的故事每次搬上舞台或螢光幕時，都由英俊男星飾演，因此很有人氣，看來今戶神社也是因此而借重他，好奇妙的神社！不過看到那麼多招財貓，還是頗具療癒效果的，就當作招財貓主題樂園一遊吧！

01 ___ 雷門的燈是經營之神松下幸之助捐的

02 ___ 巨樹與繪馬牆構成奇特的景觀

03 ___ 有厚重屋頂的寶藏門是淺草寺入口

04 ___ 淺草仲見世右邊第一家評判堂，從明治時代起就賣零嘴

05 ___ 舟和的芋羊羹是100％地瓜做的生鮮果子

06 ___ 淺草車站六號出口，跟九十年前銀座線開通時一樣的景觀

櫻花盛開了，這就是春爛漫！

千代田

千鳥淵

雖然每年都會開，但是每年都會感動，那就是告春花的櫻花盛開的時候，尤其四月初成群茂密地開的染井吉野櫻，宛如天神一聲令下，就全部一起開放，開的聲勢那麼浩大，那麼驚人，而且轉眼就會被春風春雨吹散，好景無法長存，盛開的片刻，奪走無數人的眼睛，而且吃掉無數人手機的記憶體，全球的觀光客大量匯集在日本各地賞櫻，東京更是，萬國人一起體驗日本的春爛漫！

櫻花盛開了，日文稱為「滿開」，怎樣算是滿開？一位日本人跟我說：「當櫻花開到茂密地連枝都看不見時，就是滿開，而且是極度的滿開！」這很有道理，昨天、今天，我到處都看到花茂密到連枝都看不到的櫻花樹。

不過日本氣象上對於櫻花滿開是有定義的，東京的櫻花開始開花，或開幾分、是否滿開等，都是根據靖國神社的能樂台旁的一棵櫻花樹為準，因為那棵是標本樹；像在大阪，就是以大阪造幣局的一棵櫻花樹當標本樹。

選靖國神社境內的櫻花當標本樹，讓人覺得或許也有點政治意義，不過靖國神社內原本就種了許多櫻花，現在共有五百棵，跟從飯田橋車站走到市谷車站的外濠公園（一百二十棵）以及內濠的千鳥淵（北之丸公園一帶二百八十棵）等，這一帶算是東京都心首屈一指的賞櫻名所，加上氣象局也不是離那麼遠，或許選靖國神社也不算太偏心。

不過靖國神社裡的櫻花都是軍隊種的紀念樹，櫻花樹下還有加農砲等，無法釐清櫻花跟戰爭的關係，怪不得《檸檬》的作者梶井基次郎會有短篇小說寫，「櫻花樹下埋著屍體！」不過染井吉野一片盛開的鬧意，多少沖淡了人們對戰爭慘絕人寰的戒心。或許跟日本近年政權右傾化的宣傳有關，靖國神社內的訪客與年俱增。

外濠一帶，因為附近算是千代田區的商業區及文教區，辦公大樓或大學林立，清晨起許多年輕的上班族鋪了藍色塑膠布佔位置，新年度第一天，在櫻花樹下佔位置是許多新入社員的第一個工作，但現在有智慧手機，看來佔位置本身一點也不枯燥；許多日本女人也在櫻花下享用午餐，開起女子會來，不在乎路人眼光以及拍照，這也是以前所少見的。

千鳥淵兩側的櫻花雖然只開了八分，但已經讓人等不及，許多人排隊幾個小時，等著想在兩岸櫻花美不勝收的護城河淵裡划舟，而且是用手搖槳划的船；在皇居附近的內堀的菜花、雪柳等也開得很美，報春的花非常多，都盛開了，春天真的來了！

櫻花千鳥淵

櫻花千鳥淵

01 ___ 義大利文化會館的顏色更襯托櫻花
02 ___ 櫻花靖國神社

櫻花千鳥淵

櫻花千鳥淵

深大寺

日本人對玫瑰的愛情又濃又深！

神代植物園玫瑰告訴我們自然的色彩無限

雖然我身邊有日本友人很愛種玫瑰，或鄰居的玫瑰現在也正盛開著，但總覺得日本人特愛櫻花、菊花、藤花、梅花等，從沒想過日本人如此愛玫瑰，而且把玫瑰種得這麼好，或許連世界最愛玫瑰的英國人或法國人都會嚇一跳吧！我去了東京調布市的神代植物園，我想任何人看到二百七十四種、五千一百株玫瑰盛開的模樣，或許任何人都不禁想唱〈玫瑰玫瑰我愛妳〉！

神代植物園的玫瑰園是東京都內規模最大的玫瑰園，離開市區並不遠，從吉祥寺或三鷹搭巴士就可以到；植物園本身是東京都都立的，境內面積大得驚人，也有栽種熱帶植物的超級大溫室，一年四季都有花木可以觀賞，共種了四千五百種、十萬棵植物，原本就是櫻花跟梅花的名所，秋天也有紅葉，鄰接深大寺，是東京都內散步的好去處，而最令人驚艷的還是春秋兩季玫瑰花花季時的玫瑰園。

玫瑰似乎是西洋人的花，希臘羅馬神話裡就有玫瑰登場，不過因為這次去了神代植物園，才深深體會到玫瑰跟日本淵源深遠，日本人對於開發玫瑰新品種不遺餘力，而且不斷試種，像神代的二百七十四種（連秋天盛開的共四百零九種）、五千一百株已經讓我眼花撩亂，但沒想到神代玫瑰園在日本玫瑰園還只能排名到十二左右吧！

日本玫瑰園，排名第一的是花博記念公園的玫瑰園（岐阜縣可兒市），共栽培有七千品種、六萬一千株，規模驚人，第二名是鹿屋玫瑰園（鹿兒島縣鹿屋市霧島丘公園）種了四千品種、五萬株，其他如還有伊豆半島河津巴葛蒂爾（Bagatelle）公園的玫瑰園，（静岡縣河津町）這裡是巴黎的巴葛蒂爾公園的姊妹園，玫瑰園也格外厲害，栽培有一千一百品種，規模約五千株，其他也有茨城縣石岡市的茨城縣花園，種了五百品種、三萬株。不過不是品種或株數多就好，還要花開得夠密，像神代植物園許多株，密得讓人稱奇，覺得好像是用假花來填滿視界；曾參訪過英國玫瑰園的朋友也都表示沒看過能讓花開得這麼密的玫瑰園。

神代植物園的玫瑰真的色彩繽紛，除了常見的正紅、洋紅、粉紅、酒紅、鮭魚紅及白色玫瑰外，黃色、橘色、紫色、藍紫色等也都盡情開放；因為品種不同，大小或花瓣數及層次、姿態全不相同。

玫瑰名字也非常美麗，經嚮導人員解釋，才知道許多名為「和平」的品種，是在一九四五年世界大戰後栽培的；玫瑰比起別的花，更容易栽培出新品種，或許因此而有許多人前仆後繼地嘗試，而栽培出新品種者，就有命名權，許多開發者是以自己的名字或是情人、女兒等的名字為名；日本人非常熱心開發新品種，也因此許多玫瑰品種都是日本人名，像是「愛子公主」、「美智子妃」、「雅子妃」、「高木夫人」或是茜、葵、咲希等；

也有企業取得命名權，用新品種的玫瑰來宣傳。

許多國家都有原生的野玫瑰，日本也有，而且是在《萬葉集》及《常陸國風土記》裡就可以看到有關玫瑰的記載；常陸國就是現在的茨城，「茨（Yibara）」就是有荊棘的植物，被認為就是bara的玫瑰，茨城縣的縣花就是玫瑰；現在日本玫瑰之所以有當下盛況，主要是明治政府從法國引進法國原產玫瑰，當時認為事關日本國家威信，不斷鞭策青山官制農園（現在的東京大學農學院）

的研究者栽培；不過玫瑰變成庶民也能一親芳澤，則是要等戰後了，在此之前，玫瑰長年是貴族才有機會觀賞的奢侈品。

玫瑰因為每年都不斷改良，不斷誕生新的品種，每年都有新的看頭等著；雖然不是新種就好，但的確也有許多優秀的新種，在神代植物園還舉行國際玫瑰比賽，在此處也可以看到歷年的冠軍種；雖然神代的玫瑰園排不上前十大，但是花的濃度、深度真夠，全般造景宛如歐洲庭園，讓人忘記這裡原本古老的深大城城址。

玫瑰園馥郁香氣薰人，到處都看到有人低身埋頭聞香，據說玫瑰還是早上最會放出香氣，春秋花季，週日的早上，或許還能邂逅到園長親自嚮導；在這裡痛感日本人實在很愛玫瑰，玫瑰真的被照顧得非常好，充分展現出百花之后的架勢，也才體悟到原來玫瑰地位如此不同！

神代植物園的玫瑰

堀切菖蒲園

葛飾

從江戶時代就備受寵愛的菖蒲花

來日本以前，也跟我有的朋友一樣，以為菖蒲就是端午節插在門上的「雜草」，但在日本久了，到了六月，就自然會想到這是紫陽花（繡球花）跟菖蒲花的季節；尤其在東京，初夏就是菖蒲花的季節，像在葛飾區的「堀切菖蒲園」或「飾水元公園」，數百種、上萬株的菖蒲花，盛開的景象美不勝收。

從江戶時代起菖蒲園就開園了，年年不斷改良、培養新品種，要是屈原再世也會驚艷不已，不能相信這是「菖蒲」吧！

從江戶時代起，在荒川河畔附近的菖蒲花，就非常有名，因此許多浮世繪如歌川廣重或是葛飾北齋等大家都畫過江戶的菖蒲花，尤其是葛飾的堀切地區的菖蒲園。

堀切是在現在東京向島之北，在江戶時代，此處土地較低，到現在也被稱為「零公尺地帶」，因為屬於隅田川分支流過的溼地地帶，很適合菖蒲花的栽培。據說從室町時代（一三三六至一五七三年，日本中世時代，幕府設在京都室町）起就開始種菖蒲花了；江戶時代這一代，對當時市民而言，在隅田川搭個小船就會盪到堀切這一代的菖蒲園，是散心的好地方，廣重尤其畫了很多菖蒲花特寫的畫。

從江戶時代起，日本人就說：「菖蒲就看堀切。」今天去的是就是堀切地區的堀切菖蒲園！

堀切菖蒲園面積約面積約七千七百平方公尺、花菖蒲二百種六千株，跟附近水元公園的一百種一萬四千株比起來，或許株數不到一半，但是在日本全國花菖蒲愛好家的眼裡是非常高水準的一處菖蒲園，園內有非常多的稀少品種：「十二單衣」、「醉美人」、「霓裳羽衣」等。

堀切菖蒲園裡其實除了菖蒲花外，也還有Ayame（鳶尾花、水菖蒲、蝴蝶花）或是燕子花，三種都非常接近，園內有許多說明指導如何辨識；菖蒲花品種豐富，有江戶系、室內鑑賞用而發展的伊勢系與肥後系，或是保留原種特徵的長井系（長井古種）等四系統，菖蒲花雖說是古典園藝植物，但此園也栽培有其外國如美國等培養出來的品種，但顏色較粉淡，不像日本如此偏愛紫色。

到了堀切菖蒲園才知道原來紫色有這麼多種，而且也格外感受到日本對紫色的喜愛，藤花也是紫色的，或許還是因為紫色象徵榮華富貴吧！

堀切，這樣的地名，在日本許多地方都有，大部分表示過去曾經有過城塞的意思，葛飾區的堀切，從地勢等狀況來看，也曾設過城塞。據說這裡在七、八百年前是葛西氏所率有的地區，江戶時代堀切地區最初開設的是「小高園」，進入明治時代才有「武藏園」、「吉野園」、「堀切園」、「觀花園」等相繼開園；但戰後大部分的菖蒲園現在不存在了，堀切菖蒲園是古時堀切園的一部份，在一九六〇年時，變成都立公園，一九七五年移交給葛飾區，現在不收門票，因此賞菖蒲花是免費的。

這個地區是東京的老地區，除了《男人真命苦》寅桑出身的柴又外，也還有許多名勝；在堀切菖蒲園附近就有著名的菖蒲七福神，是「堀切天祖神社」的支社，雖然是弁天神社，卻一次可以看到七位福神林立，在日本別無他處；堀切天祖神社，因為「菖蒲」與「勝負」同音，因此該神社的守護符也很有人氣，也不要錯過喔！

菖蒲七福神

堀切菖蒲園

阿佐谷

用祭典驅逐暑氣，享受夏日風情

阿佐谷七夕祭的準備

台灣過七夕，好像只是情人的事，但日本全國各地每年都會舉行盛大的七夕祭，跟年齡性別無關，不分男女老少都過七夕，似乎也有人不知道牛郎織女的故事也來趕集；許多日本人藉著七夕祭的豪華絢爛與星祭的優雅氣氛來體會季節感，七夕，讓男女都想穿上浴衣來赴此一盛會，這就是夏天，夏天才有七夕呀！

日本最古老的七夕祭是東北仙台的七夕祭，是從藩祖伊達政宗時代就持續至今的，規模也最大，而且越來越盛，像二〇一六年有二百二十八萬人去趕這個祭典，已經變成全國性祭典，車站附近一千七百公尺的商店街，掛了三千個華麗的大小裝飾垂條。

關東也有七夕祭，像歌川廣重畫的「名所江戶百景」之一就是「市中繁榮七夕祭」，可見江戶也很早就在過七夕，七夕祭是江戶百姓和平生活的象徵，可以看到有西瓜、算盤、大福帳、鯛魚等各種七夕的裝飾隨風飄逸，看了就心平氣和，也可窺見江戶當時的繁榮。

現在關東有三大七夕祭，最大的是平塚（神奈川縣）、茂原（千葉縣）的七夕祭，各有一百七十萬人跟八十四萬人共襄盛舉，而東京則有下町的七夕祭（四十一萬人），跟我最喜愛的阿佐谷的七夕祭（七十萬人）。阿佐谷或平塚等地的七夕祭都是戰後為了在廢墟中求復興而開始的。

阿佐谷的七夕祭是東京規模最大的，而且在全國也最有特色，像今年也有七十幾萬人來參加阿佐谷的祭典，其中許多穿了美麗高雅浴衣的帥哥美女。阿佐谷七夕祭除了跟仙台一樣是在農曆的七月七日前後幾天舉行（其他各地大多改成新曆七月七日），因此每年都是八月上旬舉行五天，算是日本最遲的七夕祭。

但時間其實最正典之外，阿佐谷是每年都在商店街屋頂上懸掛上百個紙糊的大娃娃，叫「Haribote

七夕祭懸掛的各式造型紙娃娃

人形」，這些娃娃每年都反映時事世相，像是今年就有川普、皮卡丘、LINE 娃娃、《阿松》（おそ松君，是赤塚不二夫的搞笑漫畫）、麵包超人、金剛等，此外也有許多日本民間神話寓言等的紙糊娃娃。

這些紙糊在鐵線造型上的娃娃，非常巨大而有看頭，在阿佐谷南口珍珠商店街及鈴蘭商店街長達七百公尺的屋頂上懸掛著，非常吸睛，也吃底片；長年以來都是商店街商店主人出動家人、店員等一起糊製的，不過現在阿佐谷商店街也難逃許多店家連鎖店化的命運，有連鎖店來進駐，才表示是人氣旺的商店街，不會衰頹；但連鎖店很多不

上＿阿佐谷的肉屋的和風義大利麵
下＿阿佐谷的鯛魚燒

會糊這種大型紙娃娃，做得簡單粗糙些，或是有店因為店主人老邁，糊不動了，也只好將就些；這幾年商店街開始把懸掛巨大紙糊娃娃的事開放公募，也懸掛區內許多學生的作品，因此內容沒有式微，反而越來越精彩。這些紙糊人形，用鐵線、竹之或木頭做支架等基本結構，糊完後，加上裝飾等，其實都很重，在完成前每晚都要數人吊上吊下，非常費事，整個商店街同心協力來做，非常感人；阿佐谷的七夕祭到了二〇一七年是第

六十四屆了，許多店主已經是第三代了，代代每到七夕前都在糊、繪娃娃，是非常珍貴的傳承。

除了紙糊巨大娃娃外，結彩在竹枝竹葉上，有風吹來時，便會沙沙作響，這就是七夕祭特有的聲音；我一位出身仙台的朋友告訴我，她小時候仙台只有紙的長條飄揚，風吹時聲音跟現在大多用塑膠布條的完全不同，或許是吧！許多「進步」讓許多自然原音消失了！

因為是盛大的祭典，所以有二百家攤子，每家商店都擺設一種乃至三、四個攤子，除了啤酒、冷茶、炸雞、棉花糖、糖蘋果（糖葫蘆類）、刨冰等飲食攤，讓人能邊走邊吃外，也有許多撈金魚、射標等攤子，大人也像去迪士尼樂園般，在祭典裡全面放鬆自己，或許回到孩提時代也跟著撈金魚、水球、超級球等，而這畢竟是七夕，許多情侶也趁七夕祭人潮中的牽手，加強感情吧！

stage 4

私情懷街旅

氣氛隨和的高圓寺

無國籍懶人城

高圓寺就在中野隔壁，幾乎每週都會去二、三次，因為這裡是全東京最自由自在的地方，許多著名的搞笑明星、作家等出道前都在此熬過最艱困的日子；原本荻窪、阿佐谷、高圓寺、三鷹就是戰後日本現代文學的大本營，井伏鱒二、橫光利一、太宰治、三好達治、川端康成、小林多喜二、與謝野晶子等都曾匯集於這一帶過，當時是因為有豐富的自然而且中央線沿線人口匯集，生活機能方便，現在這個特點依然存在，奮鬥中的年輕人或外國人也非常多，車站周邊還有許多展示昭和三〇、四〇年代活氣的商店街，在這一帶散步，人會覺得青春，一無所有也不畏懼。

高圓寺車站從北口出來，正面可以看到「高圓寺純情商店街」的大拱門招牌，這是因為高圓寺出身的作家、詩人禰寢（ねじめ）正一寫的同名小說，一九八九年拿了直木獎，因此原本的高圓寺銀座就改名了，轟動一時；雖然他本人是在高圓寺更北邊的另一條商店街出身長大的，現在則在隔壁站的阿佐谷開了「ねじめ民藝店」，我過去住阿佐谷時，不時會遇到他若有所思地在散步。

高圓寺商店街很多條，除了魚肉果菜、成菜等之外，也有雜貨、衣物等生活用品店，到處都有許多便宜的居酒屋、亞洲各國料理的等，還有復古調舊衣店林立，想要變身成三〇年代的人等，在這裡幾分鐘就能搞定；許多出租給年輕人的雜居小木樓依然存在，這個地區是年輕人沒錢也能輕鬆過日子的地方，而且每個人打扮有個性，怎麼搞怪也沒人白眼，甚至有中國人穿睡衣走在巷子裡也不奇怪。

這裡非常適合成名前的創作者居住，再窮也自在，飢渴但不損自尊，像川端康成來高圓寺時是大正十五年（一九二六年）一月，他的《伊豆舞孃》在《文藝時代》開始連載則是翌年的昭和二年（一九二七年）四月、二十八歲時；他搬到高圓寺，雖然只有八個月，是成名前的谷底時代，當時連桌子都沒有，而趴在桂木棋盤上寫稿，那棋盤也是寫稿寫來的，對方用來充當稿費給的。

高圓寺出身的文豪多，現代除了禰寢還有出久根達郎，他從一九七三年起在高圓寺開古書店「芳雅堂」，邊看店邊執筆，一九九三年《佃島二人書房》也拿到直木獎；高圓寺或許文人、年輕人多，也是重要的古書城，不過現在書店數大減，「芳雅堂」也關門了。

高圓寺是日本民歌、搖滾的重要基地，當時中央線的三寺的高圓寺、吉祥寺、國分寺是搞民歌的人群聚之處，或許是「寺」字本身還有點自然的野趣，讓穿牛仔褲的年輕人也覺得這幾個地方很適合自己，現在這三寺也還有許多表演場，高圓寺也因此成了一個音樂戲劇城，二〇〇九年五月還有伊東豐雄設計的表演大廳「座・高圓寺」是把劇場蓋成像紅色大帳篷般的建築，回到劇場表演跟群眾接近的原點，多數的水點圓窗自然採光，非常的伊東，因為是杉並區區營，附設的Cafe「法布爾」的美味餐飲，CP值很高，而且沒有比這裡更能非常濃縮地感受大師作品，來到高圓寺是非常值得一去的地方。

高圓寺現在也幾乎每天都有年輕人街頭表演，這幾年常看到女歌手富田美香表演，她有半數唱中島美雪的歌，其他也唱自己作詞作曲的歌或AKB等流行歌曲，唱了幾年，終於非自費出了一張CD，算是出道了，但也還沒離開高圓寺。

高圓寺在安保鬥爭、學生運動最盛的時代，整個地區都非常溫暖地歡迎長髮而來路不明的年輕人、音樂家等，因為這些人在其他地區會被認為是問題人物，而不接受，但是高圓寺的房東則對這樣的年輕人不抱持任何偏見，肯租房給他們。

我聽以高圓寺為據點的活動家松本哉說這個傳統現在也還在，房東們因為以低房租把房子店面租給年輕人，讓他們開二手貨店、舊衣店、Cafe、居酒屋等，也因此高圓寺源源不斷有年輕人湧入，不會老化；高圓寺雖有鬆散的平日，但是卻舉辦了許多規模很大的祭典，就是有年輕人的力量；松本哉自己在北商店街開了「素人之亂」的二手貨店，也主宰「「貧乏人大反亂集團」，311之後在高圓寺發起萬人反核遊行；其後他在日本零核電聚會裡扮演新郎，也是商店街的阿婆們借他傳統和服，幫他打扮的。

高圓寺只有高圓寺才有的東西很多，像是圖板遊戲（Board Game）專門店「雙六屋（すごろくや）」

高圓寺二手書店多

高圓寺的阿波舞共一百二十萬人共襄盛舉

以及可以玩圖板遊戲的Cafe；或像是日本全國唯一的氣象神社，這是因為舊馬橋（現在高圓寺北）的地方曾有舊陸軍氣象部駐紮過，這是左右航空隊攻擊作戰的專門部隊，終戰已經七十幾年了，每年都還會聚集在此一次。

高圓寺的平民美食超多，像是著名的文化人、演員等愛去喫茶店「七森」，大一市場內的越南料理可以吃到生的米麵，材料比越南本店更講究或其他幾家店也都各有可取之處；我還喜歡去吃附近「太陽」的拉麵與大餃子，用魚乾熬出來的湯讓人胃袋舒適無比；義大利酒場的「Del Sol」也是超值表現的好店，提供鮮魚料理與軟硬適度的義大利麵或窯燒披薩，店裡隨時都有一股高圓寺才有的熱氣。

高圓寺現在讓日本人聯想最多的是「阿波舞」，這時除了本家德島外，日本規模最大的，歷史悠久，到二〇一七年正好六十周年，而且是一萬人跳舞，東京乃至地方都有人組團參加，在高圓寺舉行才兩天，就有一百二十萬人參加，每年八月最後一個週末舉行，也算是配合冰川神社祭典，這是東京晚夏的最佳風物詩，如果你在東京，千萬別錯過，著名而有人氣的團隊很多，飛鳥連、天狗連、舞蝶連等都是歷史悠久而技術純熟的團隊，每個團隊都可以看到老中青幼四代參與，民間自主的嘉年華會可以辦成這樣，也是高圓寺的力量。

珈琲舎
七つ森
本日のランチ
1

@Koenj
高円寺
東京
若者文化
伝統
「高円寺コンセプト」
高M208
HS
2

高円寺
純情商店街
3

BÁNH XÈO
CHẢ CÁ
LẨU GÀ
NEM NƯỚNG
SÒ NƯỚNG
4

フヂヤ薬局
5

01 ___ 七森咖啡
02 ___ 街頭電箱海報化
03 ___ 純情商店街的名字來自直木賞小說
04 ___ 高圓寺大一市場的越南餐廳
05 ___ 高圓寺老鋪藥房與龍角散的開發者有密切關係
06 ___ 高圓寺的阿波舞

手塚動漫牆

高田馬場

神田川邊的青春城

高田馬場是我最近幾年不時出沒的地方，這裡也是早大學生城的一部份，從早大正門還有巴士直達高田馬場車站；長年以來六大學棒球賽裡的早慶（慶應大學）戰結束後，都會在高田馬場站前的廣場騷鬧一番；站前往日有許多補習班，現在數量大為減少。

高田馬場因為也是手塚（治蟲）製作公司所在——長年都在富士見台，此外，手塚長年都在附近都電荒川線的鬼子母神搞工作室，或是著名的漫畫家誕生窩的「常盤莊」就在附近，才會把高田馬場當作《原子小金剛》的誕生之地，漫畫裡的天馬博士，在練馬大學畢業後就是「馬力十足地」在高田馬場以黑馬而通過科學省的任官考試，看來手塚非常意識到「馬場」的馬。

高田馬場JR月台的音樂就是《原子小金剛》主題曲，車站附近的鐵橋下，也有手塚治蟲作品動漫主角、情節的大壁畫，二大面，每二年更新一次，每次都讓人十分期待，也有遠處專為了觀賞壁畫而來的動漫迷。

高田馬場位置是新宿區的北邊，以前真的是馬場，是一六三六年，德川三代將軍家光為了馬術訓練以及流鏑馬（從疾馳的馬上射鏑矢）等而營造的馬場；每年十月的體育節還會在穴八幡宮舉行流鏑馬，這就第八代將軍德川吉宗開始的，在明治時代一旦斷絕，而在戰後才又復活；祭禮當煙是在穴八幡宮舉行神事祭拜後，騎馬行列朝戶山公園前進，然後在公園披露流鏑馬。也有說法是德川家康六男的越後高田藩主松平忠輝生母——高田殿（茶阿局），因為此地景色眺望不錯，而在此地開設庭園，才會加上「高田」而成高田馬場；但是也有俗說是這一帶原本就是高台地形，被稱為「高台村」，也因此鄰近就有高田（豐島區）、上高田（中野區）等現存的地名。

穴八幡宮是出了車站從早稻田通直朝東走，過了明治通就會看到，附近也有「八幡鮨」，是壽司老舖，明治元年（一八六八年）創業的，原本是穴八幡宮的門前團子（乾式湯圓）店，大正初期蛻變為壽司店，至今也近百年歷史，店牆上還有記載此地在江戶時代是旗本（德川直屬家臣團的武士）的馬術練習場的說明。

普通日本人，一聽到高田馬場，總是會想到這裡是元祿七年（一六九四年）赤穗四十七士之一的堀部安兵衛去幫菅野六郎左衛門決鬥的地點，早年就有電影，由坂東妻三郎主演的電影《決鬥高田馬場》是非常有名的，而從八幡壽司向前走幾分鐘，在甘泉公園南端的水稻荷神社就可以看到明治時代造的堀部安兵衛之碑。

剛過明治通還沒到八幡鮨前，在街道左邊，古書店連軒，右邊則有子育地藏尊（源兵衛地藏），打掃清潔，而且隨時供有鮮花，是附近居民或學生都很愛惜的地藏。廟前有桌椅以及圍棋棋盤，在寺廟前下棋的風景，居然在這樣的都會可以看到。

地藏廟往前走二步是裝潢很有意思的「一風堂」拉麵店，在往前走就是米其林拉麵店「やまぐち（山口）」，已經連續幾年都入選，一千日圓便能體會米其林，沒有比這更簡單的了。

在走到明治通之前，Tsutaya 等大樓的背後有幾條喝酒小路，我在阿佐谷常去的和風義大利麵「松下屋」，在此地也有一家小分店，也是唯一一家，菜單跟阿佐谷有點不同，午餐有一千日圓的套餐，晚上則成了一個有酒有肉有麵的小酒場。

從明治通往右轉，則會看到「諏訪神社」以及古色古香學生宿舍「日本館」；諏訪神社在平安時代就已經創建，受到源賴義、源賴朝以及歷代德川將軍崇敬；境內的水手舍湧出的水，自古傳說是有利於眼疾；日本館像是日本民俗劇裡登場的建築，是一九三六年建的古老建築是現在非常難得一見的供應早餐的宿舍，第一代主人想要成為日本第一的學生宿舍，因此命名為「日本館」。然後順著學習院女子大學紅磚牆前進就是「戶山公園」；綠意濃厚的園內有箱根山，這裡原本是尾張德川家的下屋敷（江戶時代設在江戶的藩邸）時所造的庭園中的山，標高只有四十四點八公尺高，不過山手線內居然沒有比這更高的山，因此值得一爬。

高田馬場往早稻田方向散步，接近面影橋的所謂西早稻田一帶，有早大生所愛的天婦羅平價專門店的「いもや（芋屋）」，一份天婦羅定食只要六百日圓，在東京學生多的地方如神保町附近都有，是B級美食的典型，而且這家是連村上春樹讀早大時都常跟妻子約會時吃的，已經開了超過卅年了，很可惜在二〇一七年因為主人逝世而關門了。

這一帶，真的是很多人寫自己青春故事的地方。

車站旁也有一九七〇年代日本民歌人氣組合「輝夜姬」所唱的青春寫照的同名曲的「神田川」依然潺潺流著，跟時代變遷無關；高田馬場本身有三條鐵路經過，非常方便；車站附近庶民性很高的喝酒街不少。像是出了車站，如果是從早稻田通往西側走，走到山手線的外側，有條「榮（さかえ，sakae）通」的商店街，「さかえ通り」大招牌下還掛著「東京富士大學入口」有點奇妙，讓人會覺得這家大學是「社會大學」，因為日本許多上司會告訴部下，在居酒屋或這條路上有的幾家有點猥褻氣味的小酒店，或許可以學到更多學校學不到的；的確從榮通過了田鳥橋就是下落和的東京富士大學，原本是歷史悠久的會計短期大學而在二〇〇二年升格，大學過剩，這個行業最容易被 AI 取代，讓人想像招生也很辛苦吧！

商店街旁還有大正十二年（一九二三年），就在神田創業的染物屋（染色加工業者）「柳河」；神田川的水自古就被認為是很適合洗染物，周邊染產業旺盛，一九二三年也是關東大震災之念，許多染物屋就遷移到江戶川橋、中井等地，柳河也是此時搬遷到高田馬場的，現在已經是第四代，第五代還是小學生，但看來有繼承家業的志向與資質，眼看就又會是一個百年老鋪了，這裡可以滿足顧客各種染色以及關於和服的需要，甚至也出租服裝、指導如何穿和服等；有這樣的老鋪或是大正時代佇立至今的日本館，讓人覺得時光在高田馬場是駐留的。

手塚動漫牆

三鷹

尋找太宰治的蹤影

太宰治文學沙龍是太宰死後六十年成立的

東京中央線的三鷹，或許很多人並不陌生，因為這也是吉卜力美術館所在的地方，現在當地居民更熱心想推薦給世人的是大文豪太宰治，而且打算在二〇一八年建設「太宰治文學館」以及另一位二〇一六年逝世的作家吉村昭的書齋，以此讓三鷹成為一個文學聖地。跟三鷹有淵源的作家的確不少，只有一位太宰治也就綽綽有餘了，太宰治許多重要的作品是從三鷹問世的，把戰後的三鷹非常自然的當作小說的舞台，甚至太宰治的墓也在三鷹，全球各地的太宰迷來祭拜，三鷹因太宰而享盛名，也讓整個城鎮都染上太宰瀟灑放蕩的氣氛。

吉村也是住在三鷹，更是太宰治文學獎的第一位得獎人，因此吉村也算是太宰族群吧！

三鷹在我的日日小旅行的範圍裡，從中野家搭電車只要十分鐘就到了，過去也數度去太宰治投水的地方緬懷他，或前走幾步去參訪寫《路旁之石》

的「山本有三紀念館」，內心總覺得還是跟政治扯上關係的文學家死後待遇也截然不同，紀念館如此宏偉，但現在三鷹市終於在太宰逝世七十年時要有「太宰治紀念館」了，讓世人能更好好認識這位萬世不朽的太宰治。

之前剛去了青森太宰治老家的「斜陽館」，對於重遊太宰治長居、投水的三鷹也有不同的感覺；這次從三鷹車站前的郵局開始，據說這是他常來領稿費的郵局，他寫散文描述他在此看到橫綱男女川的情景；現在想來，以前的作家對於郵局非常倚賴，即使像太宰治在戰後成為時代寵兒的作家，主編會到家裡來取稿件，但是像稿費或其他有些來往，是必須透過郵局的。

太宰治是一九三九年九月一日從甲府搬到三鷹的，直到一九四八年六月十三日在玉川上水自殺為止，住在三鷹近十年，也就是他人生的四分之一，是作家生涯十五年間的三分之二，都在此度過，作品處處有三鷹，或說三鷹處處有太宰。

太宰治，日本人暱稱他太宰（Dazai），因為當時他奉寫《黑雨》的井伏鱒二為文學之師，對井伏很依賴，搬家前，就想不要離住在荻窪的井伏太遠，也不要離開東京都心太近，因此選了當時還是田園的三鷹，亦即井之頭公園深處的下連雀，搬家前他就來過這一帶，小說裡的配角曾住在下連雀，還每天能從此到東京鬧區去玩，四年後自己住到這裡來。

三鷹市現在把太宰足跡都很清楚地標示出來，普通訪客第一站就是二〇〇八年太宰逝世六十周年時把他常光顧的伊勢元酒店跡地改為「太宰治文學沙龍」，隨時有當地的志工解說、導覽，也舉辦小規模太宰相關展示，或買到太宰相關的文學地圖或紀念品等，算是三鷹太宰遊入門景點；三鷹觀光導遊協會會長小谷野芳文有時還會穿著太宰披風導遊一番，他跟妻子平時在玉川上水河畔開關東煮店「笑顏」。

下連雀三丁目還有他跟自殺的山崎富榮寄宿的野川家跡，太宰的最後一天是從此處出門相偕去投水的，現在是永塚葬儀社，但社前有碑牌；附近還有太宰曾經租借二樓當工作室的小料理屋「千草」，或他曾借用而寫出《維榮之妻》的中鉢家、常跟朋友相聚談論的鰻魚若松屋，或是曾經借用田邊肉店的小屋來繼續寫《斜陽》的地方等等，現在都只剩案內的碑牌了。

不僅太宰，許多作家都不斷換租工作室或借住朋友家寫作，現在想來以前沒有這麼多可以寫作的Cafe，尤其近郊的三鷹，太宰才會不斷租屋寫作；附近武藏三鷹大廈旁的巷子是太宰經常走到三鷹車站的小路，現在稱為「太宰巷」。

從玉川上水走一段要往吉卜力的「風之散步道」，接近山本有三紀念館前有塊玉鹿石，是從太宰青森的五所原市金木町搬來的，附近也有百日紅與他入水紀念碑，這裡就是他跟山崎投水自殺地方；有個小橋可以觀看玉川上水，因為是冬天，沒有什麼水；但我從第一次看他投水地點的新聞照片時，玉川上水就沒什麼水，不知道那樣「入水」為什麼會死，這個疑問至今存在。

十幾年前，我跟曾經當過東京都知事的作家猪瀨直樹一直在東京電視的新聞秀當評論員，猪瀨當時正在寫《太宰治傳》，每天都跟我說：「井伏害死太宰！」他的書從太宰遺書寫有「大家都太貪心了，井伏是惡人」以及家屬證言等，抽絲剝繭地批判了井伏，認定井伏傷了太宰的心吧！這只是猪瀨的推理，事實真相如何無法得知，我每次看淺淺的玉川上水，都覺得太宰沒想到真的會死吧！他以前也搞過殉情自殺，或自殺數次，但都沒死。

從太宰投水處往右穿入幽靜的住宅區，會走到現在成為三鷹市和風文化設施的井心亭，玄關前有

太宰治舊居的隔壁的井心亭，
移植了太宰治家的百日紅

從隔壁太宰舊家移植過來的百日紅，這棵百日紅在他作品也常登場，從夏天到初秋有一百天會開花；附近「下連雀之湯」是太宰常去的澡堂。

到了三鷹瞻仰太宰，不能不去的就是「禪林寺」的太宰治墓，這裡才是真的太宰所在，並非只剩紀念碑，他的墓的對面就是森鷗外的墓；太宰的作品《花吹雪》曾提到森鷗外的墓，我去參拜時，看到許多太宰粉絲給他奉上他所愛的菸酒鮮花等，還有簡體字中文版《斜陽》也在其中。太宰的老家津島家是青森當地名門，雖然沒落，也會有相當規模的墓園，但他居然沒有回去葬在津島家墓園，看來津島家也對他的放蕩以及如此死法難以接受吧！

太宰治的墓碑「太宰治」三個字是從他自己的簽名取樣的，人能寫自己墓碑的字太概不多吧！禪林寺墓園因為有兩大文豪的墓而非常聞名；太宰因為死前寫的最後作品是《櫻桃》，因此每年他的忌日都會在禪林寺舉行「櫻桃忌」；禪林寺的墓園寫著「日落關門」讓人不禁猜想「日落」是幾點，大概隨管理者的心境來決定吧！但非常文學，覺得不負兩位文豪。

探訪了太宰的蹤影後，回到三鷹車站附近，站前中央通商店街，到著名的「橫森咖啡」去享受了美味的蛋糕與咖啡，這是許多太宰迷的固定行徑；或是到三鷹車站南口的「咖啡松井商店」去喝杯名為「Dazai Coffee」的苦澀的咖啡，然後讀著太宰的小說，這杯咖啡是老闆松井寬想像太宰纖細而四處讓女人為他傾倒的瀟灑調製出來的，松井寬的老家曾讓太宰借住過，太宰常來松井商店購物，或許這裡也能感受到太宰。

1

2

3

4

5

01 ___ 太宰常走到車站的小巷，成為太宰巷（横丁）

02 ___ 小料理屋千草也只剩下碑牌了，都在下連雀三丁目

03 ___ 三鷹市內處處都有跟太宰相關的標示

04 ___ 太宰投水地點旁擺了從他的家鄉的青森五所原市金木町搬來的玉鹿石頭

05 ___ 青森縣五所原市金木町的太宰拉麵，太宰拉麵是加了太宰治最愛的根曲竹以及海帶苗，用青森的魚干熬的高湯

06 ___ 太宰治投水的玉川上水，怎麼看都覺得水太淺，太宰怎麼會死呢？

07 ___ 太宰治的墓所在的禪林寺

08 ___ 太宰治的墓，墓碑是太宰治的簽名，津島是原來的姓，墓前可以看到許多粉絲祭拜的鮮花菸酒以及中文版著作

09 ___ 太宰治的生家斜陽館是六百八十坪大豪宅

10 ___ 三鷹車站前的郵局是太宰治領稿費等常進出的郵局

6

7

8

9

10

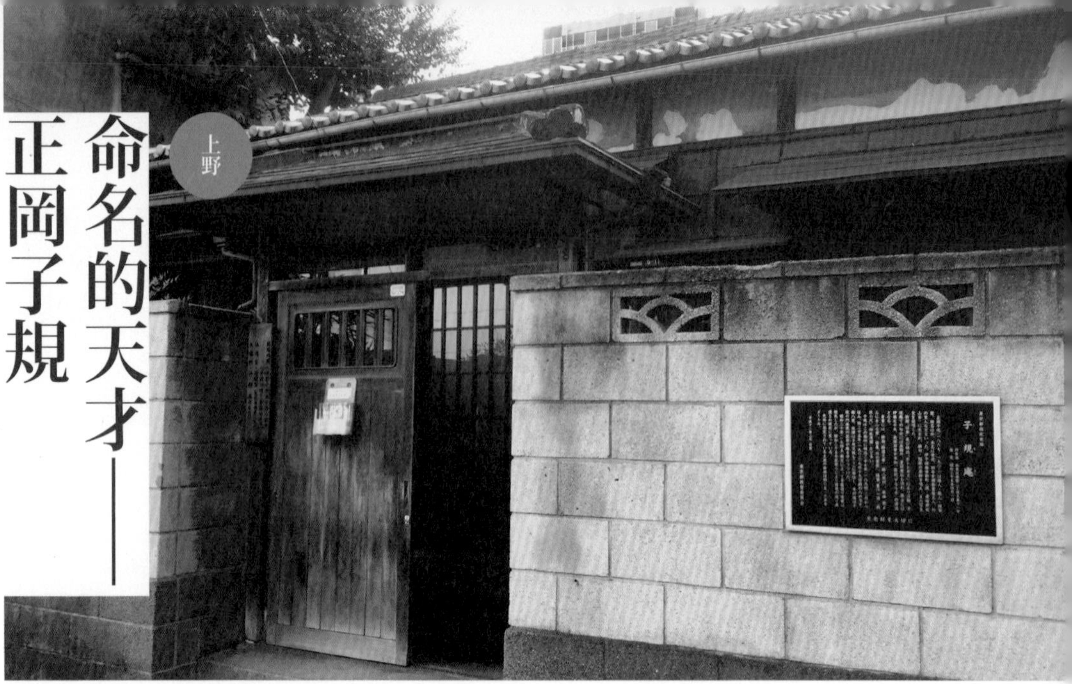

上野

命名的天才——正岡子規

位於東京台東區根案的子規庵已成觀光名所

你愛喝日本酒嗎？美國前總統歐巴馬來日本時，日本首相安倍在跟他吃完銀座「數寄屋橋次郎」的壽司後送了家鄉山口縣的名酒「獺祭」，獺祭從此在世界爆紅，獺祭所以名為「獺祭」的原因除了酒藏所在的地名外，主要就是確立俳句・短歌在日本現代文學地位的正岡子規的號是獺祭書屋（だっさいしょおく）主人；子規是命名的天才，像夏目漱石的「漱石」就原本是子規的筆名，讓給夏目的，而子規更妙的是不但吟詠了棒球的俳句而進入日本的棒球殿堂，也因為有不少日台都在用的棒球名詞都是子規翻譯出來的，甚至棒球的「野球」也是子規最初想出來的。

許多日本人在初高中時，國文老師都會教導他們，「野球」就是正岡子規翻譯的，不過這是俗說，如果在猜謎遊戲的話，正解則是中馬庚，如果答子規，大概就是錯的。

這是怎麼回事？原來子規是超愛棒球的，他在一八八九年（明治二十二年）咳血之前，都一直在打棒球，而且是當捕手；子規的號、筆名非常多，而他在很早的時期就用「升（のぼる，Noboru）」，也就跟「野球（のぼーる，野ball）」，因此把棒球叫「野球」俗說就是子規想出來的。

他在一八九〇年時就用「野球」的「升」來當號之後四年，當時在一高（第一高等學校）棒球隊隊員中馬庚將 Baseball 直接翻譯成「野球」，算是為棒球定名了；子規跟中馬交情不錯，中馬會這樣翻譯，或許也是子規的影響。

子規自己翻譯的棒球的用語不少，二〇〇二年也是因為這項功績，以及吟詠棒球俳句等，有宣揚棒球的功勞而進入日本的野球殿堂（亦即東京巨蛋內的野球殿堂博物館）他翻譯的棒球用語主要有「打者」、「走者（跑者）」、「四球」、「直球」、「飛球」、「死球」、「短遮（中馬庚則翻成「遊撃手」）」或是把「捕手」翻譯成「攫者」等；也就是他對棒球的熱誠與宣傳功效，獲得肯定，雖非棒球選手，卻能進棒球殿堂。

也就是明治時代還不流行用外來語時，他用漢字來表現；棒球是明治時代從美國傳來的運動「Ball in the field」，讓當時讀一高的中馬跟子規熱衷不已；兩人都從一高而進了東京帝大，兩人都是學校棒球隊的名選手，只是子規不是高手，中馬也進了棒球殿堂。

正岡子規一八八六年（明治十九年）起一八九〇年（明治二十三年）左右，也就是他十九歲起的時候，常在上野玩棒球，也因此上野公園裡有正岡子規記念球場，裡面還有子規的俳句碑，刻有他著名的棒球俳句「春風や　鞠（まり）を投げたき草の原」，也就是「春風！我好想在這草原投球！」

子規其他的棒球俳句也很多；在子規之前，日本的俳句都只吟詠風花雪月，陳腐頹廢，子規連棒球或是他愛吃的柿子都能拿來當題材，給俳句吹進新氣息，賦予新生命，也寫出了他的代表作的「柿くへば　鐘が鳴るなり　法隆寺」，也就是他遊法隆寺時，休憩時吃柿子，寺裡的鐘聲響起，從音色都能感受到秋意，讓不如紅葉般美麗的日常的柿子登場，這是子規對俳句最大的貢獻，也讓現在日本還有百萬人都喜愛俳句、有吟詠俳句的習慣；也因為子規是十月二十六日到法隆寺的，日本還將這一天訂為「柿子之日（柿子節）」。

子規是一八六七年生於松山（愛媛）的，他的母校的松山東高，二〇一五年是八十二年來才再次能出場參加甲子園，子規在天國大概也樂不可支吧！子規體格相當弱小，而且從小多病，少年時代對體育沒太大關心，但是到東京之後，就對棒球非常熱心。

一八八四年，子規以松山藩常盤會公費生而到東京求學，進了東京帝大預校的一高，在那裡結識了夏目金之助（漱石）；一八八七年左右起開始作俳句、短歌，一八八八年是他首次咳血；一八九五年，子規還曾當從軍記者而去採訪甲午戰爭，去了上海等，在軍中又咳血，就返鄉回松山，當時漱石就在松山中學當英語老師，他在漱石寄宿的宿舍一起住了二個月後，才又出來東京，進入很長的臥病生活；子規所以為「子規」也就因為自稱是啼血的杜鵑，他辦的文學誌也是稱為《杜鵑》。

從二十歲起就跟疾病交戰的子規，三十四歲就過世了，但留下豐富的作品；而且他最後幾年得了脊椎骨疽，在病榻前動彈不得，還寫了《墨汁一滴》（一九〇一年）、《病牀六尺》（一九〇二年）、《仰臥漫錄》（一九〇一至一九〇二年）等。

或許也是棒球的運動精神猶在吧！展現了不屈的意志力，還是寫了相當快活而有創造性的韻文、散文等，他對現代俳句、現代短歌有無法計量的影響；「今年ばかりの春行かんとす」（一九〇一年）是意識到今年的春天或許是自己最後的春天，而絶筆之作是「糸瓜咲て　痰の詰りし　仏かな」（一九〇二年），被稱為辭世三句；因為絲瓜水被認為有去痰效果，子規家的院子種了許多絲瓜，陰曆八月十五日被認為是取水（絲瓜露）之日，這句意思是「形同仏（死人）的自己，即使絲瓜結實，有再多的絲瓜露，也已經無效了吧！」覺悟自己死期將近，很能客觀地審視接近死亡的自己，也都展現了記者觀察入微的本色，子規的忌日稱為「絲瓜忌」。

他就在一九〇二年九月十九日因為肺結核而逝世；二〇一七年的十月十四日是子規誕生一百五十週年紀年日，在松山等地有許多紀念活動；NHK從二〇〇九年起把司馬遼太郎費了十年寫作的代表作的《坂上之雲》拍成連續劇；這部小說是描寫同樣松山出身的秋山好古、真之兄弟以及正岡子規等的青春時代，全部賣了一千八百萬冊，在電視劇裡是香川照之演子規。

在東京上野附近的根岸的「子規庵」，是子規最後的六年生活的家，就在台東區書道博物館（中村不折記念館）對面，保存有他生前的模樣，院子裡除了絲瓜外，還有他喜歡雞冠花；夏目漱石也常造訪此處，在這裡認識了森鷗外；而且這裡等於是當時日本最重要的文學沙龍，漱石寫了《我是貓》也是在這裡讀給子規跟他的弟子們聽，接受大家的意見，才有了不朽名著的問世吧！子規雖然抱有肺結核這樣的傳染病，但他家總是賓客滿堂，可見人的魅力超越一切；而他臥病時也依然吟詠了跟棒球相關的俳句，或許咳血不能打棒球是他生病最大的遺憾吧！

01 ___ 神田順治所著「正岡子貴與野球」一書封面，可以看到子規穿棒球服裝模樣

02 ___ 在上野公園內的正岡子規棒球場

03 ___ 這家根岸和果子老鋪，有子規最愛的各種甜點

04 ___ 子規庵裡種有許多子規喜愛的雞冠花

05 ___ 子規是明治時代誕生的日本為大的文人，把棒球以及日常生活如附近廟會等日常都能當主題吟詠，讓俳句有新生命

06 ___ 這家以根岸名水釀造的豆腐，是子規最愛

7

8

9

07 ___ 子規臥病的六尺世界，在這裡還是寫出許多快活的文章以及俳句
08 ___ 瀨祭的名字跟子規有關
09 ___ 子規庵裡種了許多 絲瓜，這是據說絲瓜有去痰作用

日本最有名的貓

文京

夏目漱石舊址跡

這是日本最出名的貓：漱石貓。大文豪夏目漱石家的貓在漱石舊居傲視眾生呢

日本最有名的貓是哪隻貓呢？或許有人認為是Hello Kitty的凱蒂貓，或許有人認為是二〇一五年往生的小玉站長等，不過答案或許是連歐美人都很熟悉的夏目漱石驚世之作的《我是貓（吾輩は猫である）》，二〇一六年是漱石逝世百年紀念年，漱石筆下的那隻貓再度成為矚目的焦點，《朝日新聞》從四月起還要把《我是貓》重新在報上當新聞小說來連載呢！

漱石留學英國三年後，一九〇三年回到日本時，

早稻田南町漱石公園

住在現在東京文京區向丘2-20-7，這個家在漱石住之前，另一位文豪森鷗外也住過，因此這此處名為「夏目漱石舊居」的房子本身，因為兩人住過，因此移築到愛知縣的明治村去了，不過如果到向丘去，可以看到漱石的貓的塑像爬在牆上，而且還有川端康成題的「夏目漱石舊居」的字碑！

漱石在這個家住了四年半，在第一高校跟東京帝大教書外，寫了《我是貓》、《少爺》、《草枕》，因此這個家也被稱為「貓之家」，他也一躍成為文壇寵兒，因為朝日新聞來邀約，開出條件是每個月二百日圓（至少是現在二百萬日圓）條件是要他每年在朝日連載一部小說。漱石為了專心寫作，因此捨棄東大教職位而進入朝日新聞，選擇當專屬作家之路，漱石的處女小說《我是貓》扮演關鍵性角色。

《我是貓》的貓在小說中，是中學英語老師珍野苦沙彌家養的貓，而這「吾輩」觀點，諷刺、戲謔地描寫珍野一家以及上門來的朋友及門下書生等。

這隻貓是真有其貓，是一九〇四年夏天迷路而來到向丘的漱石家裡的貓，後來也跟著漱石搬到文京區西片的家（後來魯迅因為崇拜漱石，還特別租用了），最後在漱石山房（現在新宿區早稻田南町7，成為漱石公園，正在興建漱石紀念館）死去；每次搬家時都被裝在紙屑箱裡，外面用包袱巾包起來，而由漱石門生鈴木三重吉（小說家，日本兒童文化運動之父）用手提到新居；此貓頗具豪傑風格，每次都灑尿在三重吉身上，發洩被擠在紙屑箱裡的鬱悶。

小說的貓，不到一年就被溺死了，但現實裡的貓在漱石家雖沒享受什麼優渥的待遇，也沒遭虐待，還滿長壽的，等於是當家人吧！

小說的第一句是，「我是貓，還沒有名字。」現在在漱石讀過的東京千代田區的御茶水小學校門便有石碑刻有這句話，很以大學長漱石寫的《我是貓》為傲；貓到最後也還沒名字就死了。許多洋人還乾脆叫《我是貓》的貓為Wagahai（吾輩）。

那真實的貓呢？據漱石的長女筆子表示，夏目家的貓也沒名字，誰也不覺得貓需要名字，而且他們幾個孩子就叫貓「貓（Neko）！貓（Neko）！」非常爽快的。

漱石公園的九層塔就是貓塚

小說裡的貓自稱是「落雲館」的學生，落雲館就是夏目漱石向丘家的背後的學校郁文館夢學園。

漱石還滿愛貓的，因此貓往生之日，他還給朋友發了通知，說明是久病療養無效而在家裡小倉庫鍋爐上死去，並托人裝箱，而在後院舉行埋葬之禮；最悲傷的是漱石夫人鏡子，她準備了白木的墓標，硬要漱石寫字，但漱石就寫了「貓之墓」，真實的貓也是到最後都是無名之貓。

現在早稻田的舊居的漱石公園一角有九層石塔，一般認為是「貓塚」，不過那不是最早的貓的墓地，而是貓死後夏目家所養的文鳥以及狗等都合祀其中，石塔四角的台石正刻有貓以及文鳥、狗等，文鳥也曾成為漱石小品隨想《文鳥》的主角過！

小說裡的貓很孤獨，最後又跌到水缸裡，可憐到無奈的程度；但現實裡的漱石家的貓似乎免除了這樣的悲慘的運命，至今還在漱石舊居牆上傲視眾生，並接受無數的人緬懷呢！

stage 5

適合隨時上路的場所

中野

日本最令人興奮的異次元世界

中野通是櫻花通

中野車站北口出來，就會看到SUN MALL，是二百二十五公尺長的有屋頂的商店街，擠滿了一百多家商店，盡頭的「百老匯（Broadway）」是日本最早的住商合一的設施，在半世紀前就像是現在最夯的六本木山莊一樣，日本人都要來遊覽一番的，現在是SUN MALL成了外國觀光客或當地居民購物的小天堂，而真正好玩的百老匯是地下一樓到四樓擠滿了二百五十個大小店鋪的，這裡是「宅族大樓」、「次文化聖地」等，每一家店鋪都有深層內涵，萬物參雜其中，誰都能在這裡邂逅到屬於自己的世界觀與新的價值觀。

中野北口左邊是中野區公所，區公所一帶在保護動物先驅者的「犬公方（狗將軍）」德川綱吉時代是護育狗的地方，因此區公所前還圈了幾隻狗銅像；一旁有即將拆除的SUN PLAZA，是日本歷史悠久的表演大廳，「明星誕生」的節目就在此地錄製的，中森明菜等都是這裡誕生的，還有搞笑藝人就自己取名為中野SUN PLAZA。

這一代最近在大行都更，有早稻田、明治、帝京平成等大學校舍部分移轉到此地，也有綠地盎然的四季森林公園，還有現代感的辦公大樓，一、二樓有許多陽台開放型的餐廳，跟車站右邊成對照，是一個非宅世界，因為新增許多設施，白天的中野突然多了幾萬人。

匯顧名思義，在昭和六〇年代時套上日本人心目中紐約最時髦的名稱，象徵先進、高級，是當時著名的 COOP 社長宮田慶一郎所建，宮田另外也在原宿蓋了當時的高級公寓「奧林匹亞」，也因此入居百老匯上面五樓以上的高層住宅的都是名人，如後來成為東京都知事的藝人、作家的青島幸男、歌手澤田研二等。

但是百老匯從地下一樓到四樓則飄盪著大眾氣氛，三樓電扶梯口的「明屋書店」至今依然健在，在小書店不斷消失的現在，令人感動；現在百老匯有十數間成為動漫關連書籍、玩偶等蒐集品的「Mandarake」所占領，不過其他依然還有許多豐富多元的商鋪，動漫之外，也有 Cosplay 衣裳、塑料組合模型、村上隆等現代藝廊、3D 印刷製作、古幣郵票等無所不有，可以說是日本最大的次文

中野車站附近的鐵路沿線壁畫

化發訊基地。

百老匯在八〇年代初期（昭和五十五年左右）還是只有古書、漫畫、舊唱片等為主，其後搭上御

隨處都有昭和的東京，或故意以昭和為賣點

宅族熱潮，轉型為次文化聖地，甚至秋葉原文化或神保町周邊的次文化，也都可以說是以此為根源而隨著 JR 中央線、總武線擴散出去的細胞群。

現在各動漫或玩偶蒐集店分類相當精細，但從最早就存在的如蒐集古典的手塚治蟲、橫山光輝等作家原畫或是有作者簽名的漫畫等的畫廊或古典電影畫報等的店也都依然在營業，這些店的擺售方式已經近乎博物館。

這裡很奇妙地還有些原本就存在的美容室、小診所、有個性的小餐廳、服飾店成群；著名的女裝藝人 IKKO 美容室就是在這裡，還不時可以看到 IKKO 花枝招展地站在店門口，也可以體會這樣自由怪奇又有包容性的環境，會讓 IKKO 可以自由選擇他喜愛的性別認同，成為日本最著名、最有成就的 LGBT 藝人。

二百多家店鋪裡，有個性的店很多，像是出售二千多種新舊 CD 的「SHOP MECANO」，店長

自己在音樂評論也有相當的履歷；或是也有專出售自己製作小量漫畫、雜誌等的店鋪如「TACOche」，等於是每年二次的漫畫市場的小型固定化。

中野百老匯也有些著名的花樣美食，成了Po上網聖品，如地下一樓賣的八色而高達三十公分的冰淇淋「デイリーチコ」，或是當地人常去的開了三十五年的「紅（くれない）茶房」等。

中野也是JR中央線沿線有屬的酒場，SUN MALL以及百老匯兩側都有許多飲酒街，第五街、第三街等，讓人彷彿置身美國紐約的地名很多，可以看出是昭和時代的遺跡，現在則是外國人湧到的美食區，也是東京有數的拉麵激戰區，著名的「青葉」等本店都在中野，中野的「大勝軒」也是沾麵的發祥地，而中野的「丸井」其實是丸井的旗艦店，其他如家教發祥地、有泳池的運動俱樂部的發祥地也在中野，因此雖然是中央線、總武線的一個站，但似乎無法太小看呢！

中野喝酒街的名餐廳「味屋」

1

2

3

4

5

6

7

8

01 ___ SUN MALL 的店家

02 ___ 中野北口的中央廣場

03 ___ SUN PLAZA 不時有各種音樂活動

04 ___ 千代湯前的小神轎。千代湯是日劇《派遣女醫》裡大門未知子（米倉涼子飾演）常泡的湯，也稱「大門湯」

05 ___ 紅葉山公園

06 ___ 中野著名的高砂湯

07 ___ 因為是象徵如百老匯般的時髦地點，周邊也取名為「第五街」

08 ___ 大勝軒是沾麵的發祥地

本鄉 東大

學院文化香氣洋溢地帶

東大正門

東京大學是日本最高學府，可以從本鄉三丁目站下車；也可以從根津神社旁彎彎曲曲的權現坂往上爬，就是東大北側校區，主要是東大農學部與地震研究所；從農學部渡過言問橋，就是「安田講堂」、「三四郎池」等東大的本鄉校區；「本鄉」也是東京大學本部的別稱；東大比起早大、慶大等私立大學，歷史更悠久，處處都有痕跡。

這一帶除了東大外，也有許多研究機構、出版社等，尤其許多文豪如夏目漱石、坪內逍遙、樋口一葉、二葉亭四迷、正岡子規、宮澤賢治、川端康成、石川啄木等都曾住在本鄉，在附近幾條坂道上上下下，讓人想像他們就是從這裡把自己的文學獻給世人的，也因此坂道如菊坂等也都非常跟著成名，算是「文士之町」，文化香氣濃厚。

本鄉三丁目站往東大走，會先到東大代稱的「赤門」，東大出身的，也有人稱為「赤門出」或「通過赤門」的；赤門其實是在東大西南隅的門，是德川家齊的女兒溶姫嫁給加賀藩前田家時造的，在文政十年（一八二七年）完成，是附有兩個唐破風（兩側凹陷，中央凸出成弓形的建築）番所，算是規模很大的有切妻式（有兩個傾斜面完整一個屋頂）藥醫門，因為是塗了朱漆，因此稱為「赤門」。不僅許多文豪是東大出身，歷代總理如吉田茂、鳩山一郎、岸信介、佐藤榮作、福田赳夫、中曾根康弘、宮澤喜一等也是東大畢業的；東大出身者大多從事研究工作或當了官僚，去當社長的較少。

從赤門就可以理解，東大原本就是加賀百萬石前田家在東京的上屋敷，是在大阪夏之陣後、加賀藩前田家獲得幕府賜了這塊地；而赤門正式的名稱是加賀藩屋敷御守殿門。

東大正門，沿著銀杏樹林大道直進就是安田講堂，這是安田財閥創始者安田善次郎匿名捐贈的，死後才為了懷念他才命名的；安田講堂是曾任東大前身東京帝國大學校長的建築家內田祥三以及建築設計家的岸田日出刀設計的。

但比起建築，安田講堂最重要的是曾有學生自發性組織的「全學共鬥會議（全共鬥）」以及新左翼學生佔領此處，後來因為大學出面拜託，警視

東大銀杏樹的黃金大道，從正門開始最壯觀

安田講堂是學生運動的象徵

聽才於一九六九年一月十八日到一月十九日派出機動隊來進行解除封鎖，亦即「安田講堂事件」；因為學生是佔據講堂上部，也跟機動隊在此衝突，因此講堂內部有丟石頭痕跡與塗鴉等，後來才修復；如此激烈的學生運動，轉眼也快半世紀了，現在的日本學生都很乖，連世界各地都有的年輕

人反抗運動，日本雖然也有，但程度差很遠。

東大每年五月祭都會吸引許多其他各校的學生或高中生等來玩；現在東大家長平均收入是全國大學裡最高的，也因此在東大裡看到的學生現在打扮都很洗練，不見只會讀書而忘記一切的東大人了。

從安田講堂右邊可以走到東大醫院、醫學部等，我曾因生產而在東大醫院住院過二次，對這一帶地理位置熟悉，東大校園內雖然也跟台大一樣，新建許多棟建築，但依然還可以看到許多歷史悠久的建物；也有許多銅像，大抵還是學術上有貢獻的人物。

下了講堂右側坂道，就是著名的三四郎池，這池原本是前田家的庭園育德園的心字池，因為夏目漱石長篇小說《三四郎》而改名的，小說裡從鄉下來東大求學的主角曾站在此一池邊感慨自己宛如薄雲般的寂寞，自己好像是從比日本更遠的地方來上學。在東大對面是許多學生宿舍或專供學生修學旅行、考生等用的旅館，每次看到一群穿著日本高校制服的學生從那些古老的旅館走出來，好像是半個世紀前的景觀，這裡古典真多。

不僅旅館，餐廳、咖啡店、和菓子、西洋甜點店等都有歷史、故事可以訴說，像是就在東大正門對面、本鄉郵局對面的有以咖哩飯聞名的「喫茶ルオー（Cafe Rouault）」是東大紛爭時，負傷學生的避難所，二樓靠窗的位置是許多名人喜愛的位置；曾經一度關門，但半年後在老顧客的協助下又再度恢復營業，因為所有人在這裡思考、創造自己的人生吧！

東大對面，本鄉通的住宅街裡，有家開業三百五十年的老鋪「金魚坂」，原本是金魚批發商，併設的洋館部份成了可以吃道地懷石料理以及品味中國茶的Cafe，金魚部門依然，還可以看見許多情侶在撈金魚，讓彼此看見童心，或許是增進好感的方法吧！如果只點咖啡，則第七代主人吉田智子會用金魚模樣的咖啡杯端上來的，她認為這一代坂道多，外敵不易入侵，因此武者屋敷還滿多的，值得散步觀賞的地方不少。

和菓子店，有赤門對面的「御菓子處 扇屋」，一九五〇年創業，謹守古法製作，可以拿來當東大散步伴手禮是招牌菓子什錦盒的「文學散策」；其他本鄉三丁目車站附近的「本鄉三原堂」，是我剛到日本就有日本友人跟我說：「妳拿此處的菓子送人，是絕對不會失禮的！」這裡是一九三二年創業，著名的「大學最中」最有人氣，東大考生都會當作「合格祈願的甜點」來購買、品嚐；三原堂還在地鐵出口處開了一家西洋菓子店「Jeanne Trois（ジャンヌ・トロワ）」各種新鮮而且考究的蛋糕非常吸引人，一家七十幾年的老鋪居然會想跨到西洋甜點的世界，總會讓人吃時還有會燃起敬意的。

1

2

3

4

5

6

01 ___ 金魚坂
02 ___ 青山到外苑通的銀杏大道
03 ___ 三四郎池被落葉覆蓋
04 ___ 東京大學前有示威民眾要求歸還祖先（北海道原住民）的骨頭
05 ___ 清掃銀杏樹葉是宏大的工作
06 ___ 赤門
07 ___ 外苑通的黃金大道

駒込

東京最美的穴場控

舊古河庭園

每次有朋友問我，東京哪裡值得玩，多少年來，都會回答是「六義園」，現在答案也是一樣，交通方便，庭園規模大，而且四季景觀變化無窮，不僅六義園，只要到了JR的駒込，就還有另一處名園的舊古河庭園可以遊覽，尤其春秋玫瑰盛開時，盛開的花加上洋館，是宛如置身歐洲的絕景。

私藏而不想為人知的好康地點，日文稱為「穴場」，駒込就是我的穴場，而且駒込在文京區、北區、豐島區的交界處，以前被稱為是染井村，現在日本各地乃至世界各地種植最多的染井吉野的品種發祥地就是在此。這一帶世世代代住著許多植木職人，因此駒込的南北各有一個名園也很自然；現在在「西福寺」跟有三百年歷史的「染井稻神社」前，也種有非常壯觀的櫻花，展現發祥地該有的元祖染井吉野的地位；車站附近也有染井吉野櫻紀念公園。

出了駒込，往北朝舊古河庭園前進，有幾條歷史悠久的商店街，如霜降銀座、染井銀座等，尤其北區的西原這一帶是日本旅行推理帝王內田康夫的出生地以及長年居住之處，他的淺見光彥系列，有相當作品都改拍成二小時推理劇，而小說虛擬的主角淺見，北區還特別發給他身分證，而且每年五月霜降銀座還會舉辦淺見光彥的推理散步，像是會去遊覽舊古河庭園與王子車站附近的平塚神社，並在神社境內的平塚亭吃糰子（乾湯圓），尤其是小說中淺見的母親所愛吃的御手洗（みたらし）糰子，也就是在白糰子上加了砂糖醬油葛漿。

這一帶雖然是歷史文化名所，又有兩大超級名園，但卻又像是半世紀前的老日本，有著親切的人情味，賣的也是古早傳統味的食物居多，讓人在這些商店街散步，不需要裝模作樣。

我通常會趁天色不錯時，先去庭園遊覽，然後才去商店街逛；舊古河庭園是英國建築師喬賽亞康德（Josiah Conder）設計監造的；這裡原本是日本政治家（曾任伊藤博文內閣外相等）陸奧宗光買來當別墅用地的，後來宗光的次南潤吉去當了古河財閥創業者古河市兵衛的養子（第二代），也因此這塊地成了古河家的，古河財閥第三代的古河虎之助又加購周圍的地，達九千四百七十坪，開始整備；一九一七年西洋館以及洋風庭園開始動工，就是康德負責的；康德也是三菱岩崎財閥所愛的建築師，曾經設計鹿鳴館以及其他東京許多公共建築，也有著名的徒弟如辰野金吾、片山東熊等建築大師，他算是日本現代建築之父，東京大學裡也有他的銅像。

古河庭園現在是國有財產，由東京都租借當作都立公園來開放；洋館真的很美麗，是充滿野趣的蘇格蘭山莊的建築，牆壁是神奈川縣真鶴產的小松石；洋館的一樓設Cafe，可以進去喝茶等，坐在窗邊眺望義大利式的庭園，或是欣賞盛開的玫瑰，因為順著地形，而成階梯狀態，順著斜面有石扶手、石階、水盤等；庭園旁的小賣店還販賣有玫瑰口味的各種甜點，不論玫瑰冰、玫瑰羊羹、玫瑰醬等都是別處嚐不到的。

跟洋式庭園銜接的有京都造園家第七代小川治兵衛所設計的日本庭園，是在斜面最底邊的池泉迴遊式庭園，種有茂密的樹林，而且還有一個心字池、以及利用急劇的斜度而構成的瀑布、枯山水的枯瀑布，也有雪見燈籠與茶室等。

逛完舊古河庭園之後，可以到著名的「榎本漢堡研究所」用餐，這是主人榎本稔研究漢堡三十年而精心開發出最美味的和風漢堡（都是跟米飯一起吃的）至今推出的漢堡菜色有三百種以上，人氣的汁堡（柴魚高湯加上豬背脂湯，源自沾麵）或季節限定的都是不錯的選擇。

用完餐可以走回駒込車站，往南走，就是著名的大名庭園六義園；這裡是江戶時代受到德川第五代將軍綱吉賞識的家臣而成為「譜代大名」的柳澤吉保拜領的地，面積寬廣達二萬七千坪，然後在原本平坦土地上築丘挖池引水，花了很多歲月，打造了有起伏景觀的迴遊式竹山泉水庭園；柳澤自己式和歌造詣很深的人，因此「六義」是來自《古今和歌集》序文裡的六義（和歌的六種基調，亦即《詩經》的「風」、「雅」、「頌」以及三種基本表現法「賦」、「比」、「興」）」，而且仁義道德之類的六義；綱吉本人也常到此遊園，次數多達五十八次，可以看出柳澤受寵程度，但六義園也不愧是江戶第一名園。

這樣的名園後來曾一度讓三菱財閥創業者岩崎彌太郎購入，加以整頓；現在澤是都立公園，因此低廉的門票就能進門遊覽，而且四季都有景觀可欣賞，像春天有門口薄紅的枝垂櫻、杜鵑又是駒込名花，新綠也動人，紅葉季節還有點燈，而深秋起也有雪吊等，隨處都有景，可以想見柳澤的用心；六義園有在歐美圈很有名，亞洲人至今較少見。

到六義園千萬別忘了去湖畔的「吹上茶屋」，這裡提供正點的抹茶與和菓子，讓人忘記這是在東京都心，宛如大名般享受這天下第一名園，也讓散步進入另一個境界。

1

2

3

01 ___ 平塚神社規模宏大

02 ___ 榎本漢堡研究所

03 ___ 霜降商店街

4

5

6

04 ___ 駒込的舊古河庭園裡的日本庭園
05 ___ 六義園
06 ___ 六義園的雪吊

新井藥師　哲學堂

跟淺草寺相提並論的新井藥師

櫻花季節的新井藥師

日本從前就說：「東有淺草寺，西有新井藥師。」這個新井藥師在哪裡呢？從新宿往西搭車十分鐘（西武新宿線）到新井藥師站或是JR中央線從新宿往西搭五分鐘快車到中野，從北口穿過SUN MALL，然後走「藥師あいロード」這條「藥師銀座」商店街就可以到了，不需要去搭西武新宿線到「新井藥師前」站也可以，あいロード的「あい」是Eye及「愛」的雙關，因為藥師是以治眼有效的「目之藥師」聞名的。

穿過熱鬧而有諸多老鋪的商店街也可以抵達山門，沿途最有意思的除了豆類專門店的「但馬屋」、賣艾草糰子的「越後屋」外，近年紅遍國內外的是PAPABUBBLE，用砂糖與水飴（麥芽糖）做出許多各種花樣的糖果，尤其斷面非常美麗，我走過時總會入神地看師傅如何揉出模樣來，這等於是西洋版的「金太郎飴」，店裡隨時都擠滿了挑選糖果的客人，不斷傳出讚聲。

東有淺草，西有藥師

不過藥師還有一條更正式的參道是東邊的柳通，雙側種有柳樹，昔日風情尚存，從江戶時代到近代，還是藥師前的小花街，著名的「阿部定事件」（切掉情夫石田吉藏性器）的吉藏開的小料理店就在這裡，現在只有粉紅色的算盤塾大樓非常醒目。

新井藥師是中野區最大的寺院，也是東京有數著名寺院，一五八六年開山，算來有四百多年歷史；又稱「梅照院」，不過比起梅花，其實更是櫻花名所；新井藥師是跟足立區的西新井大師同屬於真言宗豐山派寺院，跟高尾山的藥王院、神奈川縣伊勢原市的日向藥師，以及同縣的相模原市的峰之藥師，稱為「武相寺大藥師」、德川二代將軍秀忠祈願女兒和子（東福門院）的眼疾治癒應驗而一炮而紅的，其後第六代住持研發了一種「夢想丸」的萬能藥也很叫座；也是育兒的寺院，庶民性很高、寺院境內，不時在週末舉行古董市，是尋寶好去處。

藥師寺院佔地廣大，有部份當作公園，就叫「新井藥師公園」隔著中野通與寺院相對，有個葫蘆池，許多大人在池邊垂釣，難以想像這種休閒存在離繁雜的新宿只有五分鐘電車車程的中野。

從藥師往北的上高田台地走幾分鐘，就是哲學家的「妖怪博士」井上圓了（一八五八至一九一九）在明治三十七年（一九〇四年）所建的相當搞怪的庭園「哲學堂公園」，裡面設定了七十七個有哲理及哲學味命名的門、池、雕塑等，像是架在小山上的「概念橋」、「六閒台」、「四聖堂（哲學堂）」、「宇宙館」、「三學亭」、「常識門」、「演繹觀」、「絕對城」、「無盡藏」、「鬼神窟」、「髑髏庵」等，也有「北側山門（哲理門）則兩側有天狗像與幽靈的木像，小孩子看了或許會有幾分可怕，境內也有許多哲學家的肖像。

井上圓了從打破迷信立場來研究妖怪，而寫了《妖怪學講義》；他的四聖是東洋的釋迦，孔子與西洋的蘇格拉底與康德；六賢是日本聖德太子、菅原道真、中國的莊子、朱子以及印度的龍樹、迦毘羅，其他還有三道等等，其他哲人也非常多，包羅萬象；他所創的哲學堂大學現在以「東洋大學」之名存在，現在是每年日本春節時的「箱根驛傳」裡表現不錯的名大學。

從中野車站藥師，若走中野通，會經過「麵屋はし本（橋本）」，這是二〇一七年二月剛獨立的拉麵名店，暖簾或技術都是「東池袋大勝軒本店」第二代主人飯野所授與的，只有九席，叉燒柔軟美味，值得一試，麵是三河屋製麵，湯頭也不錯，店主建議加點柚子胡椒，讓人覺得這是青出於藍的一碗麵。

這一帶昭和風味的咖啡店也很多，像是著名的「CoffeehousePoem」等，但建議去藥師あいロード裡的「CAFE SHUK RING」，咖啡以及各種手工餐點全是自家製，培根、燻製肉、果醬等都是，安心又可口，每天有各種一千日圓套餐，還附上一杯手沖的自家烘焙的最高級咖啡豆的咖啡，小腹或心情都獲得最佳待遇。

1

2

3

01 ___ 三重塔
02 ___ 梅照院
03 ___ 哲學堂公園

04 ___ 哲學堂公園的六角堂
05 ___ 但馬堂
06 ___ 製作西洋金太郎飴的店
07 ___ 餐飲全都是自家製品的 Cafe
08 ___ 新井藥師參道
09 ___ 新井藥師傳說有療眼效益寫了許多「目め」

6

7

8

9

永遠喧囂不已的新宿

新宿車站月台永遠擠滿人

新宿是我過去長年職場所在，現在也幾乎以此處為自己生活據點，購物、聚餐、美容院甚至有些諮詢工作等都在此，雖然有日本最早的摩天樓群、都廳等，但高樓下依然是庶民性很高的商店群，近年更是外國觀光客群集之地，永遠喧囂不已的新宿也有許多值得體驗體會之處，尤其距離新宿沒幾步路的新宿御苑，是東京二十三區內首屈一指的自然散策好地點。

新宿能玩的地點無限，近年許多新名所，像是二〇一五年起因為哥吉拉誕生百年，哥吉拉出現在在熱鬧的新宿東口歌舞伎町新地標東寶大樓「哥吉拉酒店（Hotel Gracery 與東寶劇院共同企劃）」，十二公尺高的哥吉拉頭部露在八樓的戶外陽台上，不但成為常設，而且每天從中午十二點至晚上八點，每隔一小時會出來吠一次；或是新宿丸井 Annex 七樓成為動漫天堂，一樓在二〇一七年三麗鷗加入，活動更熱鬧；我則喜歡去地下一樓的 Brooklyn Parlor，是非常棒的 Book cafe，多汁肉軟的漢堡包最有人氣。

不過比起這些時尚新地點，新宿還有些意不到的好地方，例如伊勢丹樓頂有個小小的寺社，有朝日弁財天，被認為是不錯的能量景點，為伊勢丹的守護神，是從明治三十年左右起便坐鎮在伊勢丹前身的吳服店；但無論如何，堂堂的弁財天悠閒地在新宿頂上看攘攘眾生過往，必然是有所領悟的福神吧！

新宿東口附近朝西新宿方向沿著青梅街道走，在損保日本大廈對面的常圓寺山門則左側相鄰有日蓮宗的「常泉院」，境內左手邊祭祀有新宿鬼子母神；新宿鬼子母神是創建於寬文年間（一六六一至一六七三年）左手抱著孩子，右手持寶珠的原木造的鬼子母神，從江戶時代就深獲民眾信仰，一旁還有淨行菩薩像，不時可以看到附近OL祈願，也常看到忙中偷閒在常泉院讀書的男人。

從新宿東口走到御苑前，會經過許多順道想逛的地方，除了「高野水果吧」的高級水果、蛋糕及簡餐的自助餐吸引女人外，「追分糰子本鋪」的和風甜點，是七十幾年也不改味道的和風甜點老鋪，夏天我只要走過就會去買「蕨餅」，這裡基本上是糰子店，雖為一九四五年創業，做的是戰國武將太田道灌最愛的柳茶屋的糰子，新宿東口及南口的甲州街道在江戶時代是「內藤新宿」的宿場町，從宿場內的「追分新宿」又分出了成木街道（亦即青梅街道，現在地鐵丸之內線從新宿開始就是在青梅街道下奔馳），也因此才會稱為「追分糰子」，我常從此處購買一些甜點，到新宿御苑裡享用。

從新宿三丁目交叉點往東走新宿通二分鐘，就會看到末廣通以及新宿末廣亭，這裡是明治三十年（一八九七年）創業的東京都內唯一的木造寄席（表演講談、落語、浪曲、漫才等的劇場），現在甚至還表演魔術，晝夜各有十八組藝人表演，每次公演約十天更換節目，深夜寄席則有許多新人出場磨練，票價也只有一千日圓，許多上班族、學生會在深夜去捧場，跟著初生的藝人一起成長，也是一種樂趣；末廣亭隔壁有一九四六年創業的老洋食店「Beefsteak House Azuma」，提供平價的牛排、蛋包飯、漢堡餐等，不過這家是歡迎菸槍的抽菸者天國，不想抽二手菸就要選人較稀少的時段。

新宿丸井Annex的隔鄰則有美術用具（畫材等）日本一的「世界堂本店」雖然我已經多年沒有上繪畫課了，但依然還保有世界堂的卡片，或許因為世界堂是一個象徵吧！偶而在此也會遇到知名的插畫家、設計師等。

從新宿走到新宿御苑一路熱鬧，事實上從四谷車站走到御苑也很不錯，周邊有重現宿場町內藤新宿模樣的新宿歷史博物館、消防博物館、東京玩具美術館等等，也對新宿本身有更豐富的了解；消防博物館入館無料，而且除了有詳細介紹江戶時代至今的消防歷史外，頂樓還有可以坐進操縱席的消防直升機供體驗，是親子遊的好去處。

新宿御苑則是散步的最佳目標，從哪邊轉過來都無妨，因為離家地鐵只有幾站，我常把這個皇家花園當自己的後花園來待客使用；御苑現在也是都立公園，門票只要二百日圓；面積廣達十七萬餘坪，真的非常驚人，比德川御三家的江戶屋敷都還要闊闊。

一進御苑，誰也沒想到是在新宿附近，巨木蔭道以及寬廣的草原讓人忘記是在大都會繁華鬧區裡，時間突然也跟著放慢腳步，綠意盎然，春夏秋冬各有花草可觀賞，四季表情不同；這裡原本就是德川家康家臣信濃高遠藩內藤氏在江戶屋敷的一部份，一九七九年在園內開設新宿植物苑，歸宮內廳管理；一九〇六年冠名為御苑，一九四九年起成為國民公園而開放，大正天皇以及昭和天皇裕仁的喪禮都在此地舉行；隔壁的新宿高校的地也是從御苑分出去的。

御苑裡有日本庭園、英國式風景庭園、法國式庭園等，樹木超過一萬株，櫻花有六十五種，約一千三百株，株數驚人外，因為不像千鳥淵或其他櫻花名所都是染井吉野櫻，因此是非常有人氣的賞櫻處；園內有許多建物在東京空襲時倖免於難，成為國家指定的重要文化財，如一八九六年建的天皇及皇族休憩用的「就舊洋館御休所」是少見的純木造的洋風建築；或是御涼亭（台灣閣）這是紀念皇太子（其後的裕仁天皇）成婚而建造的唐風木造建築，被指定為東京都選定歷史建物；守衛御苑舊新宿門衛所、舊大木戶門衛所等則是昭和初期建物，古色古香。

新宿御苑附近美食也多，我常去的是義大利餐廳連鎖店的「La Boheme」，是很早在原宿創業的店，卅幾年前就常在深夜前去吃東西，但後來原宿店關閉，就常到離家較近的新宿御苑店，雖然現在美味的義大利餐廳很多，不過還是有點懷舊以及親和氣氛考量，以及深夜還營業，總是來此地，許多台灣名人朋友也曾跟我在此漫天聊到天亮；這裡因為是賣座一百五十億日圓的新海誠動漫《你的名字》的主角之一的瀧打工的地方，現在也成為許多動漫迷朝聖的景點；La Boheme 從室外把燈光打在御苑的樹林裡，也宛如御苑是自己後花園般深闊無比；這裡跟白金台的 La Boheme 也是許多日劇常用的景點。

01 ___ 哥吉拉咆哮時會吐青光
02 ___ 常泉院
03 ___ 常泉院的淨行菩薩
04 ___ 新宿車站東口附近
05 ___ 新宿伊勢丹百貨
06 ___ 新宿是最早的摩天樓區
07 ___ 常泉院裡的閱讀風光
08 ___ 新宿丸井 Annex 上的動漫世界

stage 6

從東京仰望

日本這些地方讓你免費玩到飽！

從東京仰望日本

在二〇一六年十月，來日本外國觀光客突破二千萬人了，亞洲人比率非常高，尤其中國人約四分之一，台灣人今年來日本估計也將破四百萬人大關，不只中國人、台灣人或香港人，甚至連韓國人，最愛的居然是日本許多免費就能進場的免費景點，而且覺得這些「無料空間真有料（內容）！」

來日本旅遊的亞洲客人，尤其前述能看漢字的這些觀光客，許多人是多次來日本的所謂「回頭客」，因此很喜歡去些普通大型觀光團不會去的地方，靠SNS傳播這些小道消息，加上最大觀光網站「TripAdvisor®」的推薦等，許多免費觀光景點都成為亞洲觀光客的最愛，覺得真的太划算了，能到這些地方玩真好，滿足感很高，雖然有些地點要拜託朋友事前幫忙申請。

根據「TripAdvisor®」日本法人公佈的二〇一五年九月至二〇一六年八月對外國觀光客調查顯示二〇一六年最受歡迎的十大免費景點，排名第一的是在羽田機場附近的JAL工廠參觀；這裡居然一年有十二萬人參訪，主要是三年前重新改裝過，人氣攀升，進場後還可以穿飛機機長、空服員等服裝，玩Cosplay拍照等，從去年的第七名躍升為第一名；排名第二的則是沖繩海洋博公園的海豚秀，誰都沒想到如此精彩的秀居然不收費，每個人都會覺得太值得了！

第三位是東京都廳舍，因為有個免費展望景點，可以從二百〇二公尺高處，把整個東京景色一覽無遺，如果去六本木山莊或東京晴空樹都要付二千日圓才能眺望東京，但這裡是免費的；許多台灣朋友知道這是建築大師丹下健三設計的作品，尤其感興趣，因為「台北聖心女子大學」（大學立案未成，現為聖心女中）也是他設計的。

這項調查顯示今年的新趨勢是在排名前二十名裡有八處都是工廠，尤其能試飲的威士忌蒸餾所或啤酒工廠等，像是在福岡的「朝日啤酒博多工

廠」；或在札幌的「朝日啤酒北海道工廠」、麒麟啤酒的橫濱工廠、神戶工廠等也都上了排行榜。此外，或許是NHK晨間連續劇演了日本威士忌之父竹鶴政明的故事的影響，朝日集團在北海道的Nikka（日果）威士忌的「余市蒸餾所」或大阪的「三得利山崎蒸餾所」依然人氣很旺。

排名第五的京都「桂離宮」或第八名的「修學院離宮」，因為是將日本的心與技藝都融入其中的庭園與建築，人氣很旺，桂離宮最美的不是秋季紅葉季節，而是梅雨的青苔最美的季節，誰去了，都會覺得下雨真好。

我去過也覺得不錯的免費景點是東京的「皇居」，幾乎每天都可以參觀，除了江戶城及庭園外還可以看到新聞裡常出現的許多建物，如天皇及皇族在正月時對來客揮手的長和殿、舉行宮中晚餐會的豐明、宮內廳等建物，只是這裡跟桂離宮等一樣，都需要事前申請。

許多喜歡日本庭園的亞洲觀光客，最近也流行到東京新大谷飯店、八芳園等的庭園去逛，雖說是免費，不過基本上飯店方面還是希望是在飯店消費吧！或許觀光客遊園而心滿意足後，自然會在飯店喝下午茶或用餐吧！

也有些軍事迷或汽車迷等，對於汽車工廠（如馬自達 MAZDA 在廣島的博物館）、筑波宇宙中心等或各處自衛隊史料館等很感興趣，因為許多設施在自己的國度裡都沒有開放，居然在日本可以免費參觀。

日本近年也流行「大人的社會見學」，到許多公共設施或食品工廠等參觀，不過日本人感興趣的是跟日常生活比較有密切關係的免費設施，如美乃滋工廠、生產巧克力的羅德浦和工廠、群馬的蒟蒻公園，或是原本只有兒童才感興趣的各地科學館、萬代玩具博物館（靜岡）等，跟亞洲觀光客的取向不同；但是因為和食流行，所以有些免

費的老鋪醬油工廠、日本酒工廠的參觀人氣也逐漸旺起來。

只要上網搜尋「無料空間」、「無料設施」、「無料 Spot」、「無料工場見學」等就會找到許多免費讓人玩到飽的免費景點，讓許多亞洲人覺得日本真大方，對日本印象很好。

這些設施不是能試飲、試吃，就是能免費體驗或有紀念品，許多亞洲觀光客覺得在來日本的旅程中去也很不錯，甚至還有些人是慕名而專程去的；許多設施雖說是免費，但是參觀後自然會對該項產品或企業有了感情，當場掏腰包購買或日後利用的觀光客也不少，因此企業或機關少收了二、三百日圓的門票，卻買到跟這些遠道來的客人最珍貴的關係，是最佳的互利吧！

日本人現在流行這樣吃肉

吃肉的熱潮正在東京越演越盛

日本這幾年吃肉熱潮越演越盛，吃肉才有力量，還認為愛吃肉的人才會出人頭地；吃肉的方法也越來越考究，許多食肉組織或產肉的地區還舉行於品肉師認定，甚至分豬肉師、牛肉師，吃肉的學問越來越大，如果不好好學，或讓高手伺候，常會花大錢還是沒嚐到肉的真髓，尤其許多華人愛吃日本肉，為肉撒下大筆銀子，常因此吃法不妥，糟蹋了昂貴好肉，讓旁人看了心急，知道肉怎麼吃，知道日本吃肉流行，才不會枉費好肉。

日本最近最明顯一個顛覆常理的吃肉趨勢，是不僅牛排是讓師傅幫你做，連原本自己享受燒烤之樂的燒肉，也讓師傅幫你燒，這是因為品質再好的肉，即使讓手藝一流的師傅幫你切，但燒烤肉的人不懂而隨便燒烤，結果讓上級肉燒成下級肉，非常划不來。

的確如此，這種幫客人燒肉的店，現在生意超好的，我也不禁點頭，實在太有道理了；不僅燒肉，連像吃涮肉鍋（Syabu syabu），我也是每次看台灣朋友吃，都心焦如焚，不斷叮囑肉不要離筷而快點撈上來才是；雖然我不是品肉師，但真想幫大家涮肉，因為台灣人，或其他香港人等也一樣，總是用吃火鍋的概念在吃日式涮肉，還有大熟食主義作祟，因此肉都搞得硬梆梆才撈出來吃，每次都讓我想幫肉喊冤！

如果肉會說話，這些昂貴的肉片，內心一定很不服氣，會怒吼：「明明我是非常美味的，怎麼可以把我搞成這樣！」許多華人根本不是在涮肉，而是在煮肉，讓人看了心疼；許多吃壽喜燒（Sukiyaki）的店，都會幫客人燒，我覺得是有道理的；但涮肉傾向讓客人自己涮，但我覺得針對外國人的餐廳，不論燒肉或涮肉，都幫客人做才好。

原本日式燒肉是以自己在眼前燒烤而自得其樂而有人氣的，但現在則改成跟鐵板燒一樣，由師傅在客人面前的炭火爐上慢慢烤，烤到適當狀態之前，都讓肉「休息」，不隨便亂翻動，最後才切成適合的大小，讓客人入口；也有些店則師傅燒烤成較生的狀態，放在加熱過的熔岩板上，讓客人自己調整成最愛的生熟程度。

當然另一方面也有些吃肉的店，還是開放給喜歡自己燒烤涮煮的人來自行料理，但米飯跟酒類則自行取用，或所有肉都用自動販賣機賣的食券製，每種食券上寫有各種讓客人覺得好像是在家裡吃肉一樣自在，但自己要對肉有點認識，否則不知道要點買哪些肉。

許多外國人都覺得日本牛肉所以好吃，是因為脂肪跟肉的比例好，霜降程度絕妙，因此肉質軟，烤起來很香；但日本人自己近年流行吃的不是霜降型的多脂肪肉，而愛吃的是脂肪量較少的「赤身肉」，真的是風水輪流轉，就像江戶時代，鮪魚的赤身是上級魚肉，多油的 Toro，根本沒人要，被當作低賤的部位，但現在則 Toro 則大翻身，或許哪天又會輪迴成赤身才是高級魚肉，如現在的牛肉要吃少油的赤身肉一樣。

熟成肉也現在是吃肉的基本，也就是肉經過 Dry aging 過程，讓酵素發揮作用，讓肉質變軟，而且增加讓肉甜美的阿米諾酸成份，許多餐廳還自備乾燥肉的專用冷藏庫；此外，牛肉現在流行燒烤前不細切的「塊肉」，等燒完後才切分成能入口大小。

日本人吃肉，「熟成肉」、「塊肉」外，還流行吃「稀有部位肉」，被認為是食肉文化的進化；吃稀有部位肉的風潮源自關西，關西從古早就強調「〇〇肉是一頭牛裡只能取〇公斤而已」，也就是吃法愈來愈纖細，會想多品嚐不同部位的不同風味，只是最常見的上腦肉（梅花肉）、里脊肉、後腰脊肉等（沙朗）等已經無法滿足愛肉族了。

因此最近出現許多過去只有屠宰業者或廚師才知道的肉的部位名，如肩胛里肌（黃瓜條）、或是

非常類似但有點筋的「辣椒」（Tougarashi）、下肩胛眼肉捲（前腿心）、肩胛骨內側肉的 Misuji，或現在被認為肉脂狀態最平衡的赤身肉優等生的 Sinsin 等等，柔軟又清爽，許多愛吃肉的「食肉女子」也都能朗朗上口，說出許多稀有部位名來，認為這些才是「絕品肉」，原本這些肉都是傳統高級肉的半價以下的零星肉，多筋或脂肪不夠，只有關西燒肉店在用，但現在則東京等也都瘋起這些怪部位肉來。

不僅稀有部位肉，這幾年許多餐廳都強調自己是「一頭牛買」，也就是什麼部位或內臟都能吃到，日本也現在比任何時期都更愛吃各種肉類的內臟腸肚，像原本沒人理會的牛肺，現在被當作珍品上肉。

不僅吃牛肉、豬肉有許多名牌、部位講究，日本人吃肉的範圍非常廣泛，像是雞肉，也愛吃鹿兒島、秋田比內、名古屋等產的名牌雞不說，非常

在乎是否在廣大農場長期飼養的，那樣不會有過剩的脂肪留在嘴上，肉有彈性卻不硬，非常甜美，不僅水煮，每個部位都能生的吃，也就是雞刺身或雞Tataki（微烤燙的半生狀態）。

最近日本吃肉還有獸肉熱潮，除了傳統就在吃的羊肉、馬肉大流行外，還流行吃狩獵來的野生鳥獸肉如野豬肉、鹿肉、野兔、山鳩、真鴨、小鴨、尾長鴨等等，一方面原本抓到的山林之害的野豬、鹿等，也還常廢棄不吃，但現在說這是法國貴族才吃的到的高級食材，近年推廣非常成功，許多地方也都輕易能吃到獵人直送的獸肉。

什麼部位都吃，或什麼肉都吃，而且用最適當的方法吃，或許不過是現代人復古的作法，但至少這樣吃，才不會暴殄天物，而吃肉的人也會得到最高滿足感，反而不會吃過多而不健康吧！

現代師傅不容客人隨便把好肉烤壞了

肉要烤對不容易

用炭火烤肉是燒肉的基本

讓文豪跌破眼鏡，日本威士忌奪冠

文豪與威士忌

日本最早喝到單一麥芽威士忌的日本人傳說是大文豪夏目漱石，而當今大作家村上春樹也為單一麥芽威士忌而醉心，寫了《如果我們的語言是威士忌》，但他們喝的都是蘇格蘭或愛爾蘭的威士忌，萬萬沒想到日本的威士忌居然連連在英國權威的威士忌評選中獲得最高獎，尤其最近二〇一五年《威士忌聖經（Whisky Bible）》中，評定「山崎單一麥芽威士忌 Sherry Cask 2013」為年度最佳威士忌，且表示是，「無法形容的天才之作」以及「具備絕妙大膽的香氣」甚至還加上最高的讚辭是，「沒有一瓶蘇格蘭單一麥芽威士忌能望其項背！」大概也讓大文豪們跌破眼鏡吧！

日本生產威士忌的歷史非常悠久，是從明治末期到大正時代便有想自製威士忌的想法，曾經在一九一八年到蘇格蘭學做威士忌的日本威士忌之父竹鶴政孝創建了「NIKKA WHISKY」（北海道「余市蒸餾所」，現屬朝日啤酒集團），該處蒸餾所產的「竹鶴 21 年」曾從二〇〇七年起世界威士忌酒評獎會 WWA 上曾三度奪得純麥芽威士忌金獎，而「竹鶴 17 年」則也在二〇一四年同樣 WWA 獲得金獎，兩者更是國際烈酒競賽ISC 金獎、銀獎得獎次數數不清。

NHK 晨間劇《阿政》就是改編竹鶴政孝及其蘇格蘭出身的妻子竹鶴莉塔（Rita，也就是 Jessie Roberta Cowan）的故事；竹鶴政孝是在九十年前留學蘇格蘭，因音樂與莉塔訂情、成婚，莉塔決心支持政孝在日本生產威士忌的心願而跟隨到日本來，兩人共同譜下了日本威士忌傳奇；政孝是日本威士忌之父，莉塔因此也成了日本威士忌之母，在日本威士忌風光之前，蘇格蘭人並不大清楚莉塔的存在，但在去年蘇格蘭獨立投票時，莉塔也被當作蘇格蘭之光而獲得矚目。

竹鶴當時工作的攝津酒造的大主顧是其後成為三得利創業者的壽屋洋酒店的鳥井信治郎，鳥井是最初動念而且在一九三七年建造了日本第一個蒸

餾所來來量產威士忌，鳥井也是讓日本威士忌揚名世界的關鍵人物。

三得利的威士忌讓威士忌成為日本國民飲料，尤其是三得利宛如達摩黑色渾圓容器的「OLD」在一九八〇年的日本威士忌全盛時代創下一年賣了一億四千八百萬瓶紀錄，也打破了世界紀錄；三得利也是不斷讓日本威士忌揚名國際的廠家，「山崎單一麥芽威士忌 2013」便是三得利的產品，而在二〇一四年的 ISC 中，三得利除以「響 21 年」威士忌奪得「Trophy」大獎外，響、山崎水楢桶、波本桶等單一麥芽威士忌與白州雪莉桶及多款高年分單一麥芽威士忌等，則拿下多項金獎，其他也有多款威士忌獲得銀獎，讓日本威士忌再度在國際大獲矚目。

日本威士忌在日本國內從一九八三年起曾陷入低潮，但是近年因為在國際連連得獎，從二〇〇九年日本國內再度掀起威士忌熱潮，二〇一四年則

竹鶴政孝是日本威士忌之父,NHK 的二〇一四年晨間劇裡上演他跟妻子莉達的故事

因為 NHK 播出竹鶴政孝跟莉塔的故事，加上「山崎單一麥芽威士忌 2013」在《Whisky Bible》擠下威士忌最為權威的蘇格蘭，從四千五百多種威士忌中奪得世界冠軍，尤其這次是被視為本格派的單一麥芽威士忌得大獎，也讓日本人再度對日本威士忌恢復絕大的自信，像是《讀賣新聞》還出了專題報導，指「日丸（日本國產）威士忌讓世界陶醉」，甚至也有人自豪地說，「威士忌是日本的酒！」

日本人對於威士忌的概念其實很多樣化，有的人覺得威士忌畢竟是英國等的特產，是從海外旅行帶回來的伴手禮物，但現在則開始轉變為有許多歐美人或亞洲人在機場購買日本威士忌的時代

了；而對於日本戰後嬰兒熱出生的企業戰士的團塊世代而言，威士忌是支持他們心靈的代表性的酒，一九八〇年代前半，日本各地小酒店、餐廳等擺滿了威士忌，喝威士忌是一種共同的慰藉；而對於現在日本年輕人而言，威士忌是在居酒屋裡加蘇打水喝的很有鬧意的「Highball」，也有如村上春樹般在家裡或吧檯前獨自靜謐地品味單一麥芽威士忌，體會普通言語所無法表達的威士忌本身的如幻似夢的神祕的芳醇，享受化身為威士忌的幸福片刻。

日本威士忌能達到如此境界，不僅大文豪，可能連竹鶴或鳥井未曾料到，或許是日本人獨有的纖細感官以及認真研究開發的卓越的調配技術調配才能達如呈現出威士忌的香醇馥郁以及層次豐富的口感，不如今晚就來一杯日本威士忌，不管是竹鶴或山崎、響等乃至廉價的角瓶，而或許也學村上春樹在生蠔上滴幾滴威士忌，也都能追上現在當下的威士忌熱潮一二吧！

東京六本木哆啦Ａ夢

看過長了鳥嘴的哆啦Ａ夢嗎？實在太可愛了！

二〇一七年夏天，若來到東京六本木山莊的「66 Plaza」不但可以看到有部份曾在香港或台灣展示過的六十六隻變種哆啦Ａ夢，也就是造型不同的哆啦Ａ夢，配備各種不同秘密道具（法寶）的哆啦Ａ夢，而且今年還首次有哆啦Ａ夢的妹妹哆啦美參加，構成前所未有的哆啦Ａ夢大集合景觀。

二〇一七年是66 Plaza第三次在夏季期間舉辦哆啦Ａ夢相關的活動，算是整個地區的「夏季站」活動的一環；這是因為播出哆啦Ａ夢的動漫的朝日電視就在此處，去年有超巨大的十公尺高哆啦Ａ夢充氣娃娃，今年就擺在朝日電視七樓的陽台，遙望東京鐵塔。

東京鐵塔在奧運期間，除了開幕的前兩天外，比賽中日本隊得金牌時，就會以特別點燈，而點跟開幕典禮的奧運顏色（黃紅綠黑青）來鼓勵，在夜空中，就看到哆啦Ａ夢跟東京鐵塔，就讓人想把兩者一起收入鏡頭，好像哆啦A夢在動腦筋想對東京鐵塔搞俏皮動作。

除此之外也有「時光隧道機器（Time machine）」以及哆啦A夢劇場版動漫片《大雄的南極冰天雪地大冒險》相關的設施，裡面有片中場景，或穿了南極探險服的哆啦A夢，或可體驗南極吹雪等，回想起來，會有這麼多變種哆啦A夢，除了哆啦A夢每次都有會拿出新法寶來，哆啦A夢也是一位Cosplay愛好者呢，隨場景而會有變化。

許多在哆啦A夢中登場的秘密道具都變成實物在眼前，不僅許多小朋友，日本六十歲以下的人都是跟哆啦A夢一起長大的，因此誰也忍不住想去玩一下，或跟哆啦A夢合照；哆啦A夢從一九六九年十二月開始同時在小學管發行的兒童學習雜誌《よいこ》（好孩子）裡開始出現的，是照顧孩子的機器貓，台灣早年稱為小叮噹；對日本人而言，哆啦A夢是三代都喜愛的大玩偶。

最受矚目的還是在66 Plaza中展出的六十六隻拿不同道具的記憶麵包（背書麵包）、竹蜻蜓、時光風呂敷、大燈光（放大燈）等等道具都有，許多道具都讓人大吃一驚。

雖然二〇一二年為哆啦A夢誕生前一百年，那年香港海港城、日本藤子工作室及小學館集英社聯手合辦了「你睇！！哆啦A夢嚟啦！誕生前一百年祭」展出一百〇二隻一比一的哆啦A夢模型，全部手持不同法寶，都是專家精心設計的，這次的六十六隻看來大多數是跟二〇一二年在香港展出的一樣。

但是在66 Plaza展出的這段時間，並不收費，從早到晚上八點都任人一起擁抱、拍照，還可以一隻一隻獨佔，也沒有時間限制，讓人覺得實在是太美妙而不可思議的時光了；雖然其中有部份曾經到過台灣，但在台灣幾乎都是放在展示台上，不像在66 Plaza上可以讓人無限接近哆啦A夢，尤其

這個哆啦 A 夢是小壞蛋

傍晚起，大廈間的谷底風不斷吹來，非常涼快，穿梭在六十六隻哆啦A夢之間，多久也不膩。

哆啦A夢是身高一百二十九點三公分、體重一百二十九點三公斤，在廣場上的哆啦A夢看起來身高體重的確如此，而這次首次登場的小兩歲的妹妹的黃色的哆啦美則是身高一百公分、體重九十一公斤，也很明顯能感受到「果然是較為輕巧的！」

66 Plaza 是從地鐵出口的電扶梯的玄關上空就讓哆啦A夢跟哆啦美一起來迎接來場客人，有一起飛翔到夏季站的會場去，夏季站也有各種其他活動，如飲料廠家、各地方縣市的「家鄉納稅」宣傳等等，熱鬧無比。

哆啦A夢除了是日本人記憶的一部份外，因為在全球各國都是超人氣動漫，也因此哆啦A夢成了最佳親善大使，也在各國公益活動擔任重要角色，如哆啦A夢亦曾經擔任過台北市政府衛生局的代言人，或是在日本申奧時，哆啦A夢也扮演遊說大使，是奧運史上首位虛構人物出任這個重要角色的，更讓世人喜愛他，不變種也可愛，變種更讓人徘徊流連而不想離開他！

住在東京好？還是地方鄉鎮好？

無論何種幸福，自己期望的只能由自己去選擇

最近到日本瀨戶內海內側的山陽地區旅行，在岡山縣縣政府所在的岡山市岡山城附近一家相當高級的備前炭遠火燒烤牛排館用餐，店裡師傅都是打扮非常講究的帥哥，且手藝非凡，每道菜都有講究，態度認真且彬彬有禮，不過師傅聽到我的朋友是台北來的，就說：「那好都會呦！」聽說我住在東京，也說：「那好都會呦！」或我們正要往大阪去，也說：「那好都會呦！」看來不是客套話，而是真心流露對都會欣羨之情，但住在東京等都會真的那麼好嗎？每次調查都是住在地方的人比較幸福，岡山縣排名也總是名列前茅。

第四次到岡山縣旅行，每次都覺得岡山文化水準很高，人的氣質非常不錯，尤其這次我住在倉敷由加溫泉的旅館，待客的語言每句都讓人非常舒適，跟客人距離很得體，處處讓人覺得溫暖、有人性；不像東京連鎖店居多，採用非常機械性的待客手冊語言，服務生常會說出有許多失禮或讓人啼笑皆非的話，遭遇不愉快的概率還蠻高的。

不過有的日本朋友說：「那是妳偶爾去玩，才會覺得鄉下一切美好，畢竟東京資訊多，又很熱鬧，處處都有不夜城，也有都會的匿名性，誰也不管誰，每個人活得很自在，不像鄉下，隨便做什麼事都有人知道，晚上七早八早就都打烊，到處高齡化，很多鄉鎮連白天也都少有人出來走動！悶死了！」

東京與地方，住在哪裡幸福？這是不斷被反覆討論的議題，每個人想法或人生規劃、際遇很不同，像是「畢竟住在都會較好！」「不，鄉下比較安定、寧靜！」「為了孩子，則希望住在治安好而且教育水平高的地方！」「就算住了不習慣，也只好還就工作來住！」

基本上如果地方出身而沒有很好的學經歷的話，在地方比較容易謀職、生活較為輕鬆；東京生活費昂貴，如果原本父母就住東京、在東京有房子可住等，花費就不會那麼高，因此住在東京或地方鄉鎮，何者幸福，跟出身地有很大關係；許多調查顯示，地方出身者住在地方，幸福度最高，其次是東京出身者住在東京，接下來才是地方出身者住在東京的人，幸福度最低的是住在東京出身者而住在地方的人。

畢竟人住在自己熟悉的土地，壓力跟風險都比較低，很容易有幸福感；地方出身的人住在地方所以最幸福的理由很簡單，生活費較低，自然環境好，住家面積寬廣等，即使不是輝煌的高學歷，也還能找到工作，像是地方的國立大學出身的人，在東京不算什麼，但在地方就會被認為是菁英，很容易在地方政府等就業，非常安定；地方出身的人即使去上東京普通的私立大學，也是返鄉就業，幸福度較高，因為在東京要進一流企業不容易，但返鄉後，在東京生活過的經驗往往能對地方有所幫助，較容易在地方有力企業就業。

不過許多日本朋友表示，地方雖然很不錯，但只有中小企業；東京是首都，住在首都圈，工作機會多，畢竟這裡是日本人、物、錢最集中的地方，許多企業的總公司集中，工作種類豐富，許多工作只有在東京才有、才能做，有點野心的人只好到東京，名人也都住東京多，不時會有交流機會，住在鄉下，久久才有一兩位名人大駕光臨。

雖說如此，日本現在許多地方城市、鄉鎮發展出許多令人意外的商品，聞名國際；像我這次去了岡山的兒島，當地因為染織方法講究，生產現在全球名流都愛的最高級的牛仔褲，一條平均約二百美元，甚至有的可以賣到一千七百美元，訂做還得排隊等幾個月，許多世界名牌的高價位牛仔褲也都在當地設廠生產，算是「牛仔褲聖地」，跟岡山的今治市成了「毛巾聖地」或福井縣鯖江市是「眼鏡聖地」一樣；當然這是很特殊成功例子，但也證明，非都會的地方，只要有創意與努力，在當地工作或許更能獲得成就感，幸福度自然也會很高。

在地方生活的好處，是可以吃到比較新鮮的食物、空氣新鮮；雖然我在東京住了卅幾年，也知道如何廉價入手美味食物，但許多生鮮產品，還是地方才有，價格也便宜多了；許多地方城市都是美食城，像住在福岡等地的朋友，都覺得福岡這種程度的地方城市是天堂，房子便宜，什麼都好吃，東京或許美食更集中，卻都得花大錢。此外，福岡城市規模適中，而且大部分想去的地方，卅分鐘內就能到，不需要擠車去上班，就算是最繁華的天神等地區，即使假日人多，也不會像東京澀谷或新宿等地區人擠人，一不小心還會撞到人，出門都覺得累。

當然還是有人覺得東京有動漫聖地如秋葉原、池袋等，年輕人許多嗜好能獲得滿足；或時尚流行也走在日本最前線，許多外國藝術展覽或表演也都只到東京，新鮮又刺激的事物多；如果留在地方，要參加個同好網聚或想蒐集一些嗜好的物品，都得專程搭車甚至搭機來東京才行；若是住在東京，許多資訊或設計洗練的精品，耳濡目染，自然不會有跟不上時代的恐懼感。

不過住東京的幸福度往往不如地方；許多縣市別幸福度調查，是以自我實現、人情冷暖、積極度、自在度（依照自己的步調生活）、安全性等基準，日本平均收入最低的沖繩縣往往排第一，其次是鹿兒島縣、熊本縣、宮崎縣等，在日本都算收入偏低的縣，或許南國暖和的天氣讓人覺得生活不費力，人情敦厚，幸福度才會很高。

原本人的幸福，有錢財地位的幸福，以及非錢財地位的幸福如生活充實度、自我實現等，東京出身的人或許因為東京生活不易，錢財地位的幸福比重會高些，如果調整價值觀，就算去地方生活，就能體會地方生活的好處，不會一天到晚只想回東京，會覺得在地方生根也不是壞事。

跟收入無關，許多地方縣市的幸福度超高的；雖然有人認為只要在東京長期生活過的人，很難適應地方單調生活，但或許是長期在地方生活過的人，更難適應東京生活，地方的純樸是另類洗練，雖然不能太沒有錢，但若離開東京，錢財地位或許就不是那麼重要，非錢財地位的幸福度自然會升高吧！

stage 7
從東京出發

昇仙峽的紅葉

現在東京、神奈川等到處都在宣傳「週末在山梨」，因為從東京新宿出發不論搭電車或是高速巴士，九十分鐘就可以抵達氣氛跟東京等都會完全不同的山梨縣府所在的甲府，到了一個有美麗山林溪谷的鄉下，還有史蹟及溫泉，又是水果王國，也是日本最大的紅酒王國，山梨也以「貼身的大人的鄉下」的定位自居，很適合東京人移居或把別墅買在山梨，山梨現在是關東及甲信越地區空屋率最高的，積極吸收人把山梨當第二故鄉。

山梨也以「富士王國」自居，但山梨看到富士，是側面或背面的富士山，跟靜岡看到的富士是正面的富士」不同，這樣的「裏富士」自有其美，但也因此山梨人畫的富士跟其他日本人畫的富士形狀有點不同；但在山梨隨處能看到富士山，尤其山中湖等可以落日的紅富士絕景，這也是山梨自傲之處。

山梨另一大好處是晴天率也很高，水跟空氣都好，即使不定居，也非常適合旅行，從東京來此一泊，甚至當天往返的旅客也不少，因此台灣客想把腳從東京伸長去吸不同的新鮮空氣時，到山梨是好選擇，尤其甲府及周邊，有許多景點，讓人在極短的時間內也能悠哉地玩得很豐富，身心都煥然一新。

在甲府下車後，市內許多名勝，都跟現在也備受山梨人愛戴的戰國時代代表性的武將武田信玄相關；因為甲府當初就是武田家的據點，也是著名的能量景點，不管信不信，周遊一圈後，好像真的能量增加不少；第一個景點，通常是在車站南口的武田信玄公像，是高六點二公尺的銅像，據說這是武田信玄跟上杉謙信打川中島之戰時的模樣，右手拿指揮用的軍配團扇，左手持數珠（念珠），穩如泰山地坐著，威嚴十足，在山梨，尤其在甲府，從這裡開始，走到哪裡都是「武田」或「信玄」，這是山梨最大的品牌；信玄軍旗所寫的「風林火山（疾如風、徐如林、侵掠如火、不動如山）也成了山梨人氣質的象徵。像最具代表性的伴手禮甜點叫信玄桔梗餅，撒上黃豆粉與黑蜜的霜淇淋叫信玄霜淇淋；或甚至當地的咖啡店也推出加上豆乳等的調味信玄咖啡等，無所不「信玄」。

絕對必遊而會提高工作運的「甲斐善光寺」，所以罩上甲斐，是有別於信州（長野）善光寺；原來前後多達五次的川中島之戰，據說是為了搶日本最古的善光寺如來像，亦即是「佛像之戰」；信玄擔心會遭燒毀，一五五八年在甲府也建了一座善光寺來安放佛像，雄偉的本殿跟山門是國家級指定文化財。庭園或松樹、楓葉、銀杏等都也都非常盡職地襯托出伽藍的典雅。

到了善光寺一定要入殿參訪（拜觀費二百日圓），因為太值得了；大殿有鳴龍，站在特定位置，一拍手，龍真的會鳴叫，而且迴響聲大，蓋過本殿說明的廣播聲；雖然類此鳴龍，日本各地寺院多少可見，但真的這麼大聲，還第一次聽到。

這裡的善光寺跟甲斐善光寺跟長野善光寺一樣，都有個「戒壇巡禮」就是在金堂下面有個「心」字形的完全黑暗通路，邊摸壁走通路，尋找到幸運之鑰，去觸碰，御本尊結緣，不但能多活七十五天，而死後能前往極樂淨土；其實這是貴族的死後體驗設施，對現代人而言，類此全黑體驗是非常珍貴的，從黑暗中回到光明世界，發現一絲光明就夠，人原本不需要那麼多燈光的。

另一處必遊的是會提高勝負運的「武田神社」，這裡是一九一九年為了祭拜信玄而建的，不過原本就是信玄老爸信虎在統一亂世的甲斐國之後引為據點的地方，一五一九年建了「躑躅崎館」，信玄就在躑躅崎館附屬的要害山誕生；神社內還有部份躑躅崎館遺跡；境內有名水「姬井戶」，喝一口，甘甜無比，可以去買護身符的窗口買專用的瓶子裝回家。

武田神社已占山梨人人生重要部份，遇事都會在此處求解決，嬰兒命名等也都來報告，十一月上旬，正好有許多家庭來做七五三（慶祝孩子七歲、五歲、三歲成長的儀式）。著名的三葉松也別錯過，護城河裡還有附近小學生一起照顧的大天鵝，也是一景，不過比想像得兇悍。

武田神社前有專賣信玄相關紀念品的Kabutoya（兜屋），是近年掀起歷史熱潮「歷女（歷史女子）」必訪之處，可以買到寫了「風林火山」的傘或御當地吉祥物「武田信Nyan（貓）」或「武田菱丸」的可愛商品。

甲州市內，還有車站附近的藤村紀念館、舞鶴城（甲府城）或藝術之森、印傳博物館、寶石博物館以及車站北口重現甲府城下町的甲州夢小路等都值得一遊。

藤村紀念館是明治時代初期所建的舊睦澤學校校舍移築過來的，是非常優美的老建築，也是國家指定重要文化財；舞鶴城是武田家滅亡後，佔領甲斐的德川、豐德臣系大名所建的，在此之前，甲府的建設以躑躅崎館為中心，其後才以舞鶴城為中心；甲府市內跟京都等古都不同，是個戰略城市，到處都是防禦用的丁字路，因此開車沒有導航，隨處撞到死路。

藝術之森內有山梨縣立美術館、文學館，庭園有許多日本及國際名家的雕刻品，對面的「小作」是山梨鄉土美食餺飥（Houtou）名店，建築古色古香；餺飥是超寬厚的麵，與「寶刀」、「放蕩」同音，傳說是信玄自己用刀切，但又有考證認為是「閒手放蕩就能做的麵食」；餺飥裡放大量蔬菜，尤其是南瓜，或加點豬肉是天下絕品，我卅幾年來都愛吃；山梨產馬，小作的馬刺（馬肉刺身）沒冰凍過，是我吃到最好的生馬肉，才理解有人會迷上吃馬刺的原因；小作在甲府站前也有店，附近餺飥名店還有「Tiyota」等。

山梨的甲州雞或富士櫻豬都非常美味，加上有美酒，當地農園的濃郁的白桃汁、葡萄汁等也別錯過，甲府站前或鬧區的銀座、櫻町，可以吃到甲州食材的好店不少；投宿則建議在市內弘法大師開湯的有一千二百年歷史的名湯的湯村溫泉或離甲府不到二十分鐘的石和溫泉。

到了甲府，最壓軸的還是要去票選溪谷第一名的昇仙峽一遊，更會驚訝原來離東京這麼近，居然有如此奇岩美景（新宿也有直通昇仙峽的高速巴士，從甲府站前則約十五公里就到了），是國家指定的特別名勝。

十月下旬到十一月下旬是紅葉季節；從起點的長則潭橋走到到日本一百名瀑布之一的仙娥瀧，是五公里，是很精彩的散步路，瀑布從花崗岩滑出，有三十公尺落差，天氣好時，可以很清楚地看到彩虹橫貫，鮮明艷麗，仙娥就是「嫦娥」，的確夠美。

沿途吸睛的景點非常多，自然映入眼簾，如寒山拾得岩、天狗岩、大佛岩、大砲岩、石門、天鼓林、羅漢寺等等，最後還能搭昇仙峽纜車到山頂眺望；此外還有美術館如「影繪之森」或去金櫻神社、夫婦木神社前的「小紋之鄉」是很精緻的印傳展售館，也有歷史說明；印傳是甲府有四百多年歷史的傳統工藝品，是在鹿皮上染色加漆的，原本是製作戰袍的技術而用在現代的皮件上。

上＿昇仙峽的奇岩
下＿昇仙峽的吊橋可以讓美景盡收眼底

除了昇仙峽巴士終點站的餺飥會館外，特別要推薦巴士起點處的萱原蕎麥道場，這是一八九〇年創業的老鋪，餺飥外，當地特產的較粗的御岳蕎麥麵也是絕品，許多人不遊昇仙峽也專程趕來吃，同時也能吃到甲府特產的雞內臟煮，該店歡迎外國人，尤其是台灣人，這裡是認識甲府美食的好地方無誤！

昇仙峽的彩虹瀑布

01 ___ 山梨名物：雞內臟煮
02 ___ 山梨縣立美術館
03 ___ 昇仙峽的蕎麥道場
04 ___ 藤村紀念館
05 ___ 山梨武田神社
06 ___ 山梨美食「小作」
07 ___ 武田信弦像

李鴻章其實很親日，愛相撲也泡湯？

李鴻章也參與捐贈的相撲橫綱力士碑

李鴻章把在一九八五年的馬關條約把台灣割讓給日本，在中國歷史上是毀譽參半的人物，一度被認為是賣國賊，但最近中國對他的歷史評價有開始有點平反，認為他其實是不得已的，不斷強調他在一八九六年堅持了自己「終身不履日地」原則而在橫濱轉船時沒上岸，但真的如此嗎？我在東京發現了李鴻章捐贈的相撲力士碑，其他也有證據，顯示李鴻章跟他的對手伊藤博文私交不錯，或許原本對已經逐漸強大化的日本內心多少有點欣羨，才會連續把琉球、台灣都讓給日本！

李鴻章跟伊藤博文的私交，雖然許多中國的研究都認定是屬於政治權宜性的交往，但事實上未必，兩人之間有相當私交，而雖然中方文件上沒記載，李鴻章在馬關條約時，曾隨伊藤博文一起到東京來，去了在箱根湯本塔之澤温泉的「環翠樓」（至今四百年歷史，是被指定為有形登録文化財）。據該館以及神奈川縣方面的記載都指出，當時身為中國代表的李鴻章，曾在環翠樓登樓，還在投宿期間，寫了幅字給環翠樓，留下墨寶，環翠樓平時沒有展出，不過像偶而跟箱根有淵源的人物書畫展時，就會展示。

環翠樓是伊藤博文常宿的溫泉旅館「元湯鈴木」新建的樓，是伊藤命名，也是伊藤題的字，他還寫了漢詩，「勝驪山下翠雲隅　環翠樓頭翠色開來倚翠欄旦呼酒　翠巒影落掌中杯」送給主人的鈴木善左衛；這個名旅館，不僅李鴻章住過，孫文、康有為、梁啟超、張繼等人也都住過。

除了箱根外，我在東京門前仲町的富岡八幡宮著名的相撲力士碑也看到了「李鴻章」的題名；這個碑是在一九〇〇年（明治三十三年）建，左邊是十一代橫綱不知火，右邊是十二代橫綱陣幕，陣幕是江戶時代最後的橫綱，碑的側面刻有許多人名，伊藤博文為首，其他還有近藤篤衛、松方正義、黑田清隆、德川家達（德川宗家十六代）陸奧宗光、大山巖、山縣有朋等都是日本政財界顯赫的領袖，也有市川團十郎、尾上菊五郎等歌舞伎的界頂尖人物；而左邊不知火的碑的側面就是李鴻章捐贈的碑，頭銜長達四十二字，「大清帝國欽差頭等全權大臣太子太傅文華殿大學士北洋通商大臣直隸總督一等肅毅媾和大使伯爵」最後才是「李鴻章」！

太令人驚訝了，李鴻章還捐款來建日本的相撲力士碑！根據深川江戶資料館的歷史記載指出全部有多達三百名的捐助者，顯然李鴻章捐的最多，才能獨佔左碑的大側面！

李鴻章原本應該不知道相撲力士的存在的，或許是一八九三年時才有所認識；當時一位非常袖珍日本外交官小村壽太郎（號稱一百五十六公分，實際只有一百四十三公分），他到北京出任公使去見李鴻章時，魁梧的李鴻章揶揄他說：「在這場宴席中，閣下的個子最小，日本人是否都像你這樣？」小村說：「很遺憾日本人都比較小個點，但我國也有像閣下你這麼大塊頭的，只是我們有一句話是說『大塊頭男人都是笨蛋。』無法託以大事，沒辦法只好以相撲來渡世！」

當然曾留學哈佛的小村說這種話菁英意識未免過高，李鴻章無言以對，不過或許從此開始對相撲發生興趣，大概到東京來時，伊藤博文帶他去觀看相撲了，否則不會想捐錢去造橫綱力士碑吧！

李鴻章跟伊藤博文第一次見面是在春帆樓簽馬關條約一八九五年之前十年的一八八五年天津談判，其後，根據日本方面研究如《伊藤博文秘錄》或《日清戰爭之路》等，指出兩人之間有許多音信往來，成為盟友。李鴻章原本因為有大久保利通出兵台灣等事件，對日本人不是那麼相信，加上有些傳聞指伊藤曾私服到上海密會法國公使等，不相信伊藤博文，但真的見面後，認為伊藤博文「舉止典雅，風采看來也是東洋君子人，態度頗敦厚」而且伊藤看來沒有打算趁清、法有衝突時巧取漁翁之利。

伊藤對李鴻章出示自己治國才能，也提起日清兩國應該就現代化改革來進行合作等；天津談判議事錄等兩國共有三十一件史料，每次談判最後，日本方面的記錄則記載有談判結束後，李鴻章跟伊藤博文每次都一起用餐。

究竟兩人每次都一起吃飯，吃飯時都說些什麼，並沒有記錄，或許就是關於對近代化改革的展望等，伊藤博文當時從天津回日本路上還作了首詩，內文是，「解紛不用子文力，談笑之間又締盟。」這顯示兩人吃飯時談笑風聲，達成了結盟目的，而且從其後兩人往來書簡可以看出，李鴻章非常想學習日本近代化的經驗，伊藤博文也表示日本有大阪砲兵工廠在模仿義大利生產砲彈，如果清國需要的話，日本可以提供等；李鴻章也不時稱讚伊藤博文有治國才華等。

甲午海戰後，李鴻章到馬關（下關）談判，被日本浪人小山豐太郎打了一槍，賠償的金額因此從三萬萬兩白銀，減少為二萬萬兩；而且李鴻章在養病期間，日本天皇與皇后都致意慰問，皇后還特意托人送去親手做的繃帶，派了二名護士，《朝日新聞》等三十家日本報社一起送了六十隻雞，為李鴻章一行加菜；馬關市西部漁業組合送了特大號水箱，裝有章魚、海參等七十幾種海鮮。

因此全日本各階層算是非常善待李鴻章，照顧無微不至，讓他復原很快，繼續談判；而且李鴻章簽完條約後，按日方記錄，他是來了東京，住在箱根等，甚至還捐錢造相撲力士碑。

因此傳說他在簽完馬關條約後，對日本痛恨萬分而說出：「終身不履日地」的說法，是很可疑的；傳說他一八九六年九月十四日從溫哥華搭美船「中國皇后號」返國時，在日本橫濱要換搭清國的輪船招商局的「廣利號」回國時，據說日方在岸上準備好食宿，但他堅持不上岸；甚至還傳說他因為腳不想踏到日本土地而用轎子抬，或有更誇張的傳說是他認為用轎子抬也形同踏上日本土地，因此在兩艘大船間架了木板，七十四歲高齡的李鴻章就飄飄然地從這船走到那船。

我站在富岡八幡宮的橫綱碑前，摸撫著「李鴻章」三字，覺得這個老人是非常親日的，那個換船不上岸的傳說只是為了想幫他拂拭「賣國賊」的說法，並不是真的。李鴻章把台灣割讓給日本，基本原因是想省錢，但是是否因為內心還算不討厭伊藤博文與日本，覺得台灣給日本也不錯呢？

河豚、李鴻章與馬關條約

訂定馬關條約的春帆樓旁的講和紀念館

到山口縣下關市的「春帆樓」投宿，享受天然虎河豚大套餐，這裡是一八九五年四月十七日大清帝國欽差頭等全權大臣李鴻章、全權大臣李經方與日本首相伊藤博文、外相陸奥宗光簽訂馬關條約的地方，這個條約把台灣、澎湖等割讓給日本，還把中國趕出朝鮮半島等；望著馬關海峽（日名：關門海峽）至今也往來頻繁的船隻，聽著汽笛聲，讓人想起，不僅台灣的命運，整個東亞至今的局勢，此項條約做了決定性的影響，如果不是在下關（馬關），如果不是伊藤博文那麼愛吃河豚，是否會有不同結果，想到這裡，似乎連嘴裡的河豚都有歷史意義呢！

馬關條約所以在馬關（下關）簽訂，當然跟河豚有關；因為伊藤博文本身是長州藩（江戶時代領有周防國及長門國的地方諸侯的藩，亦即現在山口縣一帶）藩士；他跟同為藩士的高杉晉作等交情不錯，參加了高杉的尊王攘夷運動等，也跟高杉等常到春帆樓投宿，春帆樓本身也是他為這家喜愛的料亭旅館命名的，因此「春帆樓」的招牌就是他題的字。

河豚在日本自古被認為是毒魚，豐臣秀吉下了禁食令，到明治維新之後也依然不准吃，但下關這一帶是河豚產地，當地居民私下是照常在吃的；伊藤博文有次來春帆樓，一直表示想吃生魚片，但連著幾天都沒抓到像樣的魚，春帆樓的女主人就很有覺悟地端出當地人吃的河豚刺身（生魚片），伊藤博文非常驚訝世間居然有此美味，認為禁吃太沒道理，在一九八八年不顧周旁反對，要求山口縣知事解禁，採取執照制，要有執照才能烹調而提供河豚料理，第一張執照就是發給春帆樓。

河豚真的是天下最為美味的魚，伊藤博文會為河豚著迷到想解禁，是很自然的，日本的藝術家，也是料理家、美食評論家北大路魯山人曾寫過一段禮讚河豚的話，表示他可以斬釘截鐵地說：「河豚的美味是斷然的，即使跟其他任何食材比，也無法發現能與此比擬的佳味。」還認定是味覺之王，河豚之中，魯山人尤其推崇下關的河豚，認為是非常高雅的的美味。

也是因為自己家鄉的下關河豚如此美味，伊藤博文才會想在此地跟李鴻章訂約吧！伊藤本人是對外國文化很感興趣，而且也喜愛招待外國貴賓的人，當然也會想用他心中最美味的河豚來款待李鴻章等中國使節團，盡地主之誼外，也藉此取得談判優勢吧！

就像安倍招待俄國總統普金也是邀到自己家鄉的山口縣長門市的溫泉旅館，也同樣端出山口縣最美味的下關河豚來，希望藉著他認為最上等的招待，能讓普金在北方領土問題上鬆口，但沒有達成目的，這或許是因為俄國的氣勢現在並不會輸給日本，只是溫泉佳肴無法讓普金動心，結果被說是同床異夢！

春帆樓房間裡有李鴻章字畫

李鴻章是帶了超過百人的使節團於三月十九日在附近的龜山八幡宮的海岸登陸；李鴻章是否因為接受伊藤博文下關河豚的招待，因此影響了馬關條約的內容呢？

或許不僅河豚的美味發揮作用，下關的地理位置更是伊藤所以選下關的最主要原因，尤其春帆樓就是正面對著馬關海峽（關門海峽）的料亭，地理位置絕佳；伊藤博文想誇示日本的軍事力量，在會議的終盤時，不斷增派日本軍艦通過馬關海峽，開往遼東半島，這樣的情景，給清的使節團帶來相當大的威脅。

雖然李鴻章因為在下關被日本浪人小山豐太郎打了一槍，賠償金額從三萬萬兩白銀，減少為二萬萬兩，也就是二億兩，也有當時日本國家預算的三倍，金額也還蠻驚人的；但基本上伊藤博文還是拿到最想要的！

馬關條約也就是「日清講和條約」是因為中國在甲午戰爭，也就是「日清戰爭」吃敗仗而簽的，日清戰爭最大的目的就是把中國趕出朝鮮半島，也把台灣、澎湖等日本認為戰略性價值很高而清朝不重視的地方割讓給日本了，也讓日本在中國開設很多港口，讓日本享受最惠國待遇，日本也是因為馬關條約而最早嚐到帝國主義的美妙滋味，也是日本擴張主義具體的開始吧！

最初日本還因此領有遼東半島，但簽署條約後六天，因為俄法德三國出面干涉，因此日本就只好

馬關條約跟春帆樓的河豚料理不無關係

吐出來，歸還給中國，而改多賠四千五百萬兩銀。

這一切都在春帆樓發生的，春帆樓旁有「日清講和紀念館」，裡面有許多當時的文件資料以及使用的道具，也重現當時談判簽約的房間的情景，這情景在台灣或日本有的歷史教科書都能看到，也有從濱離宮下賜的椅子等，李鴻章與伊藤博文的墨寶等非常多。

春帆樓內也有許多李鴻章跟伊藤博文的墨寶，當時沒有電視等打發時間，李鴻章跟伊藤博文大概除了談論強國戰略等之外，也會不斷品嚐當地美味河豚、海膽及各種魚蝦等，這些美味，現在在春帆樓對面的唐戶市場大概都能品嚐或採購得到。

我住的房間裡不但有李鴻章對聯，也有郭沫若的墨寶，看來這個影響後世重大的名勝，會讓許多人想來緬懷，到此一遊的政要墨客不少！

雙古都金澤、京都大名旅行

金澤兼六園裡的梅林盛開

日本旅情推理小說常常以京都、金澤兩大古都為舞台來寫殺人事件，我也一直喜歡同時遊這雙古都；但過去都是先去京都，再從京都搭JR雷鳥特急去金澤，但二〇一五年北陸新幹線開通，從長野又往北經過富山到金澤，這次就改成先從東京搭車去金澤，然後才到京都。

我愛旅行，對於旅遊CP值非常在意，但此次同行友人財力十足，便改為較為奢華的大名旅行，就當自己是諸侯出遊，該花的就大膽花，不過多少仗勢友人大方搶付錢，讓我人生首次體會有有錢的朋友真不錯，大名旅行的規格高多了，我至今自認的大名旅行都變成「小民」旅行了。

從東京出發時買了商務的Green車廂到金澤，四人七萬五千日圓，事後才想起還有頭等車廂的Granclass，已經來不及了；但搭十點〇八分出發的新幹線，是最新銳的E7/W7系，座幅度比過去的E5寬多了，加上因為想大吃金澤美食，也不想在電車內喝酒吃飯，商務車是毫無遺憾的選擇。

沿途從巨大的車窗可以觀望到綿延的殘雪抹白的立山山脈，以及富山灣等美景，抵達時，迎接我們的是在二〇一一年曾被美國媒體評選「世界最美麗的車站」之一的JR金澤站，以及大好晴空；金澤站在二〇二三年春，延伸到敦賀之前，在此前，金澤算是北陸新幹線的終點，以後還會接到大阪去。

北陸因為西北季風，是陰雨天很多日本海型氣候，俗語說：「即使忘了帶便當也不要忘了帶傘。」金澤尤其是雨城，但這次兩天連續大放晴，實在是我們連續幸運的開始。

大名旅行的一個起點是投宿一晚只收三組客人的創業約一百二十年的老鋪料亭「金城樓」，這裡是入贅到加賀藩前田利家（即NHK歷史劇《松與利家》的利家）長女婿的（前田對馬守）子孫，在明治維新廢藩置縣後居住的豪邸，因此就在兼六園旁，以及金澤最重要的百萬石通的路頭；料亭內裝潢及料裡是涵括了百萬石加賀文化的奢侈與精粹；我過去幾次訂不到，而投宿到也令人會讚不絕口的「淺田屋」，這次終於如願住進金城樓；建築本身展現金澤藝術、文化及工藝的傳統式樣美，也有小堀遠州喜愛的庭園以及極為罕見的樹齡數百年的槙樹。

因為地點太好，從這裡出發去近江町市場跟東茶屋街，散步就可抵達，甚至翌日去兼六園、21世紀美術館等，也都走路就可走到，成為最佳的金澤據點。

近江町市場連週末都開，場內有一百九十個店鋪，有海鮮、魚漿製品等各種生鮮食品，以及當季水果、甜點等，在場內邊買邊走邊吃是一大樂趣，幾處壽司跟海鮮丼名店都排了很長的隊伍。

既然是大名旅行，而且肚子餓了，就直奔二〇〇九年都更後新建的「近江町市場」館二樓的「市乃藏」；這裡一年四季都能吃到石川縣產的松葉蟹的「加能蟹」，而且是活的蟹，可以選擇吃蟹刺身或烤蟹，端上來的烤爐上的生蟹，還滿大隻，夠四人食用，有很高CP值，其他的海鮮丼或加賀料理也非常不錯，價格雖然比排隊小店高一點，但吃到許多小店吃不到的精彩好菜如用纖維超細的當地特產加賀蓮藕做出的蒸菜或涼拌菜花等，乃至石川鄉土料理的鴨肉治部煮都很不錯。

在金城樓附近散步，對門有金澤文藝館，典藏了金澤三大文豪泉鏡花、室生犀星、德田秋聲，以及在金澤住過的五木寬之等人的藏書、愛用品等，供粉絲瞻仰；附近也有泉鏡花的生家改建的紀念館，讓人能墜入泉鏡花「外科室」、「高野聖」等脫俗幽玄又妖嬈華麗的世界；也有柳宗理美術館、大樋燒美術館等，不用轆轤而上飴釉的大樋燒有三百五十年歷史，是第四代裡千家仙叟宗室為了普及茶道藝術而從京都跟著前田家到金澤創設的一種手捏樂燒。

上＿金城樓的對面就是金澤文藝館
下＿東茶屋街像是電影佈景，讓人想穿和服到此一遊

老鋪連軒，走幾步有在寬永三年（一六二六年）創業的香燭店的「黑田香鋪」，除了有特製的沈香及伽羅等高級香材做的線香外，也有該店祖傳秘方調製的「香粉」是用沈香、白檀等十五種天然香木調製的優質香料，跟普通觀光地的香鋪賣的不同，該店也是加賀藩主前田家御用的香鋪，金澤許多料亭旅館都用這裡的香，價錢不便宜，但要理解真正的好香，或許值得買個香袋貼身聞。

不能不去拜訪的景點是渡過淺野川的主計町與東茶屋街。金澤本身老街無所不在的古都，但修整不錯的花街情趣盎然，宛如電影佈景，而且現在成了和風甜點區；特別推薦從茶屋改裝的「柳庵」，內部裝潢及擺設完成度很高，本身就是藝廊，每件數百萬日圓的金箔作品或大樋燒茶碗、花瓶隨處擺設，讓人撫弄本身就值回茶點費，更何況茶點也很不錯，坐在其中也有到花街遊廓遊玩的氣氛；東茶屋街原本很多柳樹，現在只剩柳庵前的這株美麗的回首柳了。

金澤因為是百萬石級的諸侯建藩地，衍生了富麗的文化，而且也是金箔的故鄉；到金澤，金箔無所不在，我們到了東茶屋附近的「金銀箔工藝作田」本店，這裡有各種免費貼金箔或塗金箔的體驗課程，也有各種金箔產品，除了化妝品外，還有食用金箔，友人買了幾瓶業務用的大瓶食用金箔，擬在返台後請眾人吃飯或喝咖啡時拿出來「撒金」，原本也打算買金箔敷面紙去朋友臉上貼金，不過每片五千日圓，有錢的他也覺得頑童的惡作劇太昂貴了。金澤真的四下都貼有金箔，連戶外菸灰桶也貼了金，除了金還是金的世界。

夜裡在四人金城樓約五十帖的大房間用餐，果然有大名威風；金城樓是以茶懷石來融合加賀料理，所用食器精緻無比，材料極盡奢華，有鮑魚、加能蟹等；房間設備貼心細緻，木工、竹工考究，既傳統又現代，檜木風呂香氣樸鼻；最令人感動的還是早餐的現做豆乳鍋，烤海苔用的木造炭灰爐等別處看不到的貼心細節；否則一人一泊二食十萬（四人四十萬）日圓的帳單，會讓人覺得獲得多好的待遇都是理所當然的，在此處果然體驗了頂級料亭的真髓；金城樓旁有分店的茶房「花梨庵」，不必花大錢也能多少聞到幾分菜香，而且女將心情好時，也可請求要參觀金城樓的。

原本高級料亭的價值是在不讓房客互相撞見，出入都有人伺候、帶路，適合需要隱密的政客及名人密會用，像箱根有家名料亭旅館，就是藝人玩樂用居多，也是一人十萬日圓；但金城樓位於交通要道，無法用來幽會，就是靠歷史及美屋、美食、服務為招牌。

在金城樓從容吃過史上最美味早餐後，先去「兼六園」，把這日本三大名園之一的大名庭園當後花園來散步，是無上的奢侈，這裡是加賀藩歷代藩主花了一百八十年才完成的江戶時代池泉回遊式庭園；因為是北國，因此三月下旬櫻花尚未開放，但梅園裡品種繁多的梅花怒放，形成不輸櫻花的絕景；形狀像架琴弦的琴馬（徽軫）的徽軫燈籠是兼六園的標誌，從琵琶湖移植來的唐崎松經過長年修剪，延伸到池心等，可看之處很多，宋朝詩人李格非的好園六個條件，「宏大、幽邃、人力、蒼古、水泉、眺望」在此均能兼得，數百年依然，我覺得比起岡山後樂園或水戶階樂園，此處最美。

我這次旅行隨身帶了內田康夫的推理小說《金澤殺人事件》閱讀，小說一開始就是在兼六園附近，市立圖書館跟石川縣立美術館、中村記念美術館一帶的「美術小徑」的石階，有位金澤的大學女生被推下去而死亡的；小說提醒我原來金澤的美術館這麼多，因此花了點時間去了美術小徑，想

去縣立美術館看了國寶的野野村仁清的「色繪雉香爐」等加賀藩相關的名品外，不巧休館，但在美術小徑旁縣立歷史博物館古色古香的紅磚建物群中，有很現代感透明的 Cafe，是免費空間，讓人歇腳，渡過美好的午後時光。

也趁機去了「鈴木大拙館」等，鈴木是把禪從東洋推廣到西洋的人，比起理解鈴木，日本世界性建築家谷口吉生設計的充滿哲學氣氛的建物本身更吸引人，谷口也設計了京都國立博物館別館及紐約現代美術館（MoMA），果然內有許多讓人能思索的空間。

21 世紀美術館簡稱「21 美」也是著名的建築組合 SANAA 妹島和世與西澤立衛的作品，他們得過建築諾貝爾獎的普立茲獎等，這個圓型館本身也獲得了威尼斯建築雙年展的金獅獎；館內有意思的展出很多，開放空間無需門票，大抵能闡釋了空間就是藝術，最有人氣的是林德羅・厄利什的作品「泳池」，利用美術館天窗加上一層十公分的

這些人為什麼都穿著衣服在池裡走路？21 世紀美術館的作品「泳池」

水，加上泳池扶手，讓人錯以為是真的游泳池，遊客能在池底下的展室走動，但從池面看來是有穿了衣服的人在池內；其他展室則知詹姆斯・特瑞爾的「藍行星天空」天花板的開口的四角像是把天空剪下來，讓人想不斷眺望；戶外則有德國藝術家 **Florian Claar** 作品，狀似喇叭，其實是傳聲筒，讓人猜想到底可以聽到什麼。

美術館附近的著名的「金澤 Nanaho 咖哩」很值得一吃，是最像金澤咖哩的咖哩；金澤咖哩微稀，但不像北海道的湯咖哩那樣水，是金澤人的靈魂食物之一；這家主人精心研發的配方果然不錯，而且只用美味的加賀蔬菜；隔壁的金澤能樂美術館一樓大半是免費空間，值得進門轉一下；再隔兩三家就是超有品味的「古都美（KOTOMI）Cafe」，點了許多招牌的紅豆湯圓或地瓜湯圓，也有許多精製蛋糕搭配甘苦的加賀棒茶。

從金澤市內，我們叫了計程車到三十公里外北陸最古老的「粟津温泉」，這裡是加賀三湯之一，每家旅館自家挖掘的源泉，有一千三百多年歷史的湯治旅館「法師」被金氏記錄列為世界最古老的宿泊設施，不過湯治旅館設備較為簡單，我們這次投宿「辻乃屋花乃庄」，有二萬五千坪庭園外，最令人讚許的是男女大風呂「鴛鴦之湯」及「白鳥之湯」的陶板壁畫是九谷燒大師淺藏五十吉，費時六個月製作的生涯代表作，也是日本最大規模的九古燒陶畫；夜裡的蟹全餐，讓人吃到心滿意足；旅館女中說如果在今年一、二月的冷天，松葉蟹會更甜美。

從粟津去金澤搭車途中，順道去了「九谷燒陶藝村」，這裡有九谷燒資料館、淺藏五十吉美術館等，也有十六家陶瓷批發商展示室，此處以前是去小松機場必經之地，去年起來金澤旅客改搭新幹線，讓人潮不再流向陶藝村，非常沒落，呈現了新建設的負面效果，現在每家店鋪商品都能大打折扣，朋友買了中村陶志人的香爐及其他作家的青粒金線作品等。

回到金澤車站，離開車還有點時間，就到車站內的迴轉壽司「富山灣玉壽司」吃中餐；金澤的迴轉壽司也算是金澤人的靈魂食物之一；因為當地產美味的米飯以及白山湧出礦質豐富水，搭上新鮮的魚貝，水準高得驚人，雖說是迴轉壽司，但我們每疊都單點，而且任性地拜託師傅飯少點，也能點許多小菜，吃到特產如黑喉、白魚、白蝦、螢光烏賊等，也大點Toro或海膽蛋等昂貴食材，吃三十碟，不過九千日圓，朋友直叫便宜。

雖然還有長町武家屋敷跡、西茶屋街等沒去，但算是心滿意足地離開金澤；到了京都，住進京都車站的格蘭比亞飯店的頂層半甜心套房，正好是京都櫻花季節的開始，房價也比平時貴很多；但算是方便的旅遊基地。

傍晚時分，先到櫻花滿開的白川巽橋旁的「小森」吃和風甜點，雖然祇園周邊開了無數新的和風甜點店，但小森或「鍵善良房」等則是我的京都必修課，排隊程度也不像「德屋」等處過分，小森的季節聖代是絕品，去年秋天是甘栗滿點，現在則櫻味十足，其他如抹茶蕨餅、心天（海藻涼粉）等也都是天然材料每天現做。

鍵善良房的葛切（葛粉條）、錦市場的三木雞卵或田中雞卵的高湯捲玉子燒以及京都車站伊勢丹食品層的朽木鯖魚壽司，是我到京都必吃三寶，吃了就會實感自己到了京都。

在白川散步，華燈初上，朋友覺得滿肚加賀海鮮，很想吃點肉類，眼前正好有水炊雞料理名店「鳥新」靠河岸開的燒鳥店，中午的親子丼很有名，但燒鳥也非常好，材料講究，自然甜美；吃了幾串，滿足食肉慾望後，去了日本名酒吧百選的京都名吧的K6，位於二條與木屋町通的交會處，也是我在京都必定報到的夜遊好去處，創業近卅年，我幾乎是創業初期就發現這個優雅又懂味道的吧，不僅推薦的威士忌或雞尾酒正好符合當晚的心情，這裡的餐飲也是一絕，蔬菜沙拉、義大利麵或自家燻製干貝、鯖魚都入口難忘；以前老闆還每天凌晨五點酒吧關門後才去大原農民市場採購京野菜，提供大原野菜沙拉或大原野菜麵等，現在放棄親自採購，大原野菜也從菜單消失，讓我有一兩分失落。

出了K6，也到三條的「伊右衛門沙龍（IYEMON SALON）」，這裡白天人群喧囂，晚上可以品茶，也有甜點，佳餚，是富有成人之趣的談心好去處。

京都第二天的午晚餐都訂了餐廳，中午是所有介紹去的台灣朋友都驚艷的八坂塔下的料理店「修伯」，是只用天然材料又充滿創新的京都料理，每次去都吃到主人吉田修造做新的菜點，全套七千日圓，飯後又有約十種的現做甜點，任你點叫，現場聽到穿了和服的京女用著纖細的手指尖

尖地指著範本說：「這個to（和）那個to……」to個沒完，非常可愛，我點了五種又追加一種，修伯是完美的店。

晚上訂了我最近十幾年常去的祇園「川上」，川上是因為搬到祇園之前，在高瀨川河畔開的而命名，此外也多少跟當時曾邂逅職棒的川上哲治，是很純正的京料理，第一代主人的松井新七是傳說的料理人，認為只要吃到他做的京料理，就可以理解京都文化的厲害，他讓川上馳名的人；女兒松井今朝子是直木獎作家，現在是他的弟子加藤宏幸接班，許多名人如國際大指揮的小澤征爾等都是常客，也不時有藝妓來店；日本料理店還用古老道具如馬尾毛網濾篩取高湯等的只有兩家，川上是其中一家；川上現在獲得米其林一顆星，

川上新主人加藤宏幸是松井的弟子，名古屋出身的開朗的京料理師

我通常只相信自己的舌頭，不相信評鑑，不過評鑑來肯定我的舌頭，也是不錯的事。

這一天因為用餐地點受限，寺院的巡禮，先選了離飯店最近的東寺，東寺建寺一千二百年的世界文化遺產，國寶級伽藍有三個，尤其五重塔，在京都建物高度解禁前一直是京都的路標；東寺的不二櫻雖未盛開，也很壯觀，被認為是京都三星級櫻花，是樹齡約一百二十年的老株，樹高十三公尺，枝垂七公尺，是我覺得一張照片能容下的最美的櫻花；東寺側門往三面大黑天的院落，有滿開的櫻花，也是絕景，卻少人問津，是我的私房景點。

從修伯挺著滿腹美食甜點出來，在附近坂道散步，發現了展品豐富的音樂盒館、髮飾店等，讓人流連忘返，順道也去了在東山五條的日本民藝運動祖師的「河井寬次郎紀念館」，在如此京都繁華區居然還保留有燒陶用的登窯，也看了一下支持他返樸歸真的清水六兵衛的藝廊。

四點前趕到哲學之道的「永觀堂」，去聆聽僧人晚課誦經，算是匆忙行程裡非常享受的二十分鐘的平靜；也聽到堂內傳出有人在勤練雅樂，遊客不多，覺得比充滿鬧意的楓葉季節的永觀堂清幽多了，也再次好好觀賞了著名的「回首阿彌陀」，讓他多眷顧遲鈍的我一下。

在京都第三天則租了車往南邊跑，去了兩處也是世界遺產的「平等院」及「醍醐寺」，平等院修繕工程搞了二年，修繕完畢後是第一次去，這裡是日本早期木造建築，也是西方極樂世界的具現，是蓋在《源氏物語》主角光源氏別墅舊跡，就在宇治川河畔，院前參道都是宇治茶的名店，各色茶製甜點爭豔，值得品嚐；不過平等院內在鳳翔

醍醐寺五重塔有一千零六十年歷史，是京都最古老的建物

館出口處的茶房「籐花」的抹茶等宇治茶及茶點，品質超高，茶具講究，如果是五月上旬，則還有紫籐花可賞，就更完美了。

醍醐寺是豐臣秀吉大開賞櫻宴的地方，曾經此開過千人的賞櫻宴；因為在京都南邊，所以是京都櫻花最早大規模滿開的寺院，境內有一千株櫻花，種類很多，吉野染井外，有枝垂櫻、山櫻、八重櫻等，真的讓人眼花撩亂；靈寶館中庭有樹齡一百八十年以上的枝垂櫻，吃掉觀光客不少底片（記憶卡）吧！而且此處是醍醐天皇的祈願寺，因此獲得頂級的待遇，除了有在醍醐山邊二百萬坪以上的院落外，國寶級的伽藍也有三處。

從京都要回東京時，除了在車站的宇治名茶店的「中村藤吉」吃抹茶或烘焙茶霜淇淋，然後按慣例去買朽木的鯖魚壽司以及京都特有的腐皮等成菜，在新幹線上享用；至今我都是買 CP 值較高的三千五百日圓左右的鯖魚壽司，而看著還有一萬餘日圓的夢幻級的垂涎，但這次朋友很快掏錢讓我實現夢想，買了最貴的「真幻」壽司，八塊，一塊分兩口吃，夢幻滋味每口八百一十日圓，到底值不值得，已經有點搞不清楚；但經營事業的的朋友則有感像鯖魚這種原本賤價的魚，可以做到如此高檔，附加價值超高，值得研究。

車上飯後甜點是我喜愛的阿闍梨餅，阿闍梨是指進階的僧位，言行可為模範表範的高僧，皮是糯米加蛋，而餡則是丹波大納言小紅豆跟冰糖熬的，是紅豆餅的極致，現在在京都新幹線搭車區內也能買到，不過口中是阿闍梨餅，手裡是「聖護院」的生八橋，把京都帶回家，這樣才算滿喫了京都；最後一餐吃了昂貴的真幻壽司，也算為了大名旅行打上完美句點啦！

1

3

2

4

5

6

7

8

9

10

01 ___ 建築大師谷口吉生設計的鈴木大拙館的水鏡之庭
02 ___ 有四百年歷史的黑田香鋪
03 ___ 兼六園的梅花開得宛如紙花般多重亮麗
04 ___ 兼六園的霞池
05 ___ 金澤靈魂食物的金澤咖哩
06 ___ 近江町市場的市乃藏的海鮮飯
07 ___ 加賀棒茶視一番茶的茶心烘焙的茶
08 ___ 石川縣立歷史博物館是紅磚建物是國家級重要文化財
09 ___ 一泊十萬日圓是在兼六園旁，曾為加賀貴族的豪邸
10 ___ 金澤城石川門

11

12

13

14

15

16

17

18

11 ___ 京都東寺的五重塔曾是京都的陸標
12 ___ 京都東寺的櫻花因為藍空而增加豔麗
13 ___ 京都八坂塔下的修伯對面的八坂庚申堂是藝妓愛去的名勝
14 ___ 鑑善良房的葛切是吉野葛做的，是葛切中的極品，要點黑糖的才好吃
15 ___ 平等院的茶室藤花，提供上好的宇治茶茶點
16 ___ 京都伊勢丹地下旭屋賣的真幻鯖魚壽司每捲一萬二千九百六十日圓
17 ___ 醍醐寺國寶級迦藍金堂的櫻花也很壯觀
18 ___ 華燈初上的京都白川格外風情萬種

愛旅行77

東京天然色：兼具藝文、時尚、古典且念念不忘的東京此時

作者　劉黎兒
發行人　陳韋竹
總編輯　嚴玉鳳
主編　董秉哲
責任編輯　董秉哲
封面設計　盧卡斯工作室
版面構成　盧卡斯工作室
行銷企畫　黃伊蘭
廣告企畫　陳宜君

感謝　柯旅天閣股份有限公司

印刷　通南彩色印刷事業有限公司
法律顧問　志律法律事務所・吳志勇律師
出版　凱特文化創意股份有限公司
地址　新北市236土城區明德路二段149號2樓
電話　02-2263-3878
傳真　02-2236-3845
劃撥帳號　50026207凱特文化創意股份有限公司
讀者信箱　katebook2007@gmail.com
部落格　blog.pixnet.net/katebook

經銷　大和書報圖書股份有限公司
地址　新北市248新莊區五工五路2號
電話　02-8990-2588
傳真　02-2299-1658
初版　2017年12月
ＩＳＢＮ　978-986-95043-4-8
定價　新台幣340元

國家圖書館出版品預行編目資料｜東京天然色：兼具藝文、時尚、古典且念念不忘的東京此時／劉黎兒　著
.——初版 .——新北市：凱特文化，2017.12　208 面；17 × 21 公分 .（愛旅行；77）
ISBN　978-986-95043-4-8（平裝）　1. 文化觀光 2. 日本東京都　731.72609　　106022698

廣	告	回	信
板橋郵局登記証			
板橋廣字第836號			
免	貼	郵	票

to 新北市23660土城區明德路二段149號2樓

凱特文化創意股份有限公司 收

姓名：

地址：

電話：

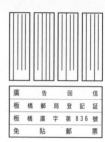

地蔵尊らくかん
一袋 三〇〇円
1袋
400円
350
京角
1枚
140円
白雪
1袋
450
王子煎餅
450円
地蔵尊
450
らくかん
400
亀の子
450
450
450
豆せん
450
中巻
450
450

高さ3.9m

東京天然色

tokyo

劉黎兒

兼具藝文、時尚、古典
且念念不忘的東京此時